网球运动教程

李东祁 主编

北京

内 容 简 介

本书首先对网球运动的起源、发展及在国内的开展情况做了大致的介绍，分析了当代网球的格局和发展趋势，收集了重要网球赛事和不同阶段的成绩、纪录；然后对网球运动各项基本技术和基本战术进行了详尽的介绍和解读，重点阐述了高级阶段的进阶技术、战术、训练方法等；最后对现行的网球竞赛规则、裁判规则及赛事组织原则进行详尽的介绍和解读，以帮助学生了解网球运动项目的发展历史、重要赛事、运动技能和运动规则，总结网球的基本理念和基本规律以及有关学习网球的基本方法、诀窍等。

本书是一本新形态一体化网球综合性教材，适用于高等院校作为相关课程的教材，也可供感兴趣的读者阅读参考。

本书封面贴有清华大学出版社防伪标签，无标签者不得销售。
版权所有，侵权必究。举报：010-62782989，beiqinquan@tup.tsinghua.edu.cn。

图书在版编目（CIP）数据

网球运动教程 / 李东祁主编. -- 北京：清华大学出版社，2024.6. -- ISBN 978-7-302-66579-3
Ⅰ. G845
中国国家版本馆 CIP 数据核字第 2024C4J240 号

责任编辑：吴梦佳
封面设计：何凤霞
责任校对：袁　芳
责任印制：杨　艳

出版发行：清华大学出版社
网　　址：https://www.tup.com.cn，https://www.wqxuetang.com
地　　址：北京清华大学学研大厦 A 座　　邮　编：100084
社 总 机：010-83470000　　邮　购：010-62786544
投稿与读者服务：010-62776969，c-service@tup.tsinghua.edu.cn
质量反馈：010-62772015，zhiliang@tup.tsinghua.edu.cn

印 装 者：小森印刷霸州有限公司
经　　销：全国新华书店
开　　本：185mm×260mm　　印　张：9.25　　字　数：208 千字
版　　次：2024 年 8 月第 1 版　　印　次：2024 年 8 月第 1 次印刷
定　　价：39.00 元

产品编号：105440-01

前 言

网球运动是一项激烈而优雅的体育活动，被誉为"世界第二大球类运动"，同时也是"世界四大绅士运动"之一，是一项对人体力量、速度、灵敏、柔韧、耐力等素质都有一定要求的体育运动。网球运动具有极大的健身价值，对于增强人的身体素质、增进健康、愉悦身心、保持青春活力等都有着积极的作用。正因为网球运动具有这些特点和其他运动项目不可替代的价值，网球运动深受人们的喜爱。网球运动要得到更好的发展、展现更高的水平，技术、战术、训练方法以及现代化技术的应用等起着重要的作用。

随着科学技术及相关学科的发展，网球运动技术、战术训练的理论和实践也在不断地创新和发展，网球运动也逐渐深入人们的日常生活中。本书主要面向广大热爱网球的读者，无论是初学者还是有一定基础的球员，都能从中获益。本书从基础开始，逐步深入地讲解网球的相关知识，包括基本技术、战术、规则以及比赛策略等。通过系统的学习和实践，帮助读者掌握网球的基本技能，提升比赛水平，并深入理解这项运动的精髓。此外，本书还注重培养读者的独立思考和自我提升的能力，帮助他们培养观察、分析和解决问题的能力，使他们在网球场上更加自信、从容。

随着现代竞技网球的快速发展，运动员的训练水平大幅提高，身体素质不断增强，急需相关的标准性、指导性书籍作为参考。本书是湖南工商大学立项教材，既可作为全国普通高等学校的公共体育课教材，也可作为一些大专院校和高职院校的公共体育课教材，还可作为网球运动员、教练员、科研人员及广大网球爱好者的参考用书。

本书为湖南省教育厅教学改革研究项目"高校网球线上线下混合式教学应用研究"（项目编号：HNJG-2022-0214）的研究成果，也是湖南省社会科学基金一般项目"课程思政赋能高校体育的动力机制及转化路径研究"（项目编号：23YBA173）的阶段性研究成果。本书由李东祁主编，周文军、王胤、曾同意、黄颢、苏小钟副主编。

在本书的编写过程中，借鉴、吸收了网球训练方面的最新信息以及国内外许多专家、学者的已有成果，在此一并表示感谢。另外，由于水平有限，书中难免有疏漏和不足之处，敬请广大读者批评、指正。

编 者
2024 年 2 月

目 录

第一章　网球运动简介 ... 1
　　第一节　世界网球运动简况 ... 1
　　第二节　中国网球运动简况 ... 4
　　第三节　网球运动的特点和健身价值 ... 6
　　第四节　现代网球运动发展趋势 ... 9
　　第五节　网球礼仪 ... 10

第二章　网球场地器材 ... 13
　　第一节　网球场地 ... 13
　　第二节　网球器材 ... 15

第三章　网球运动基本技术 ... 18
　　第一节　握拍法 ... 18
　　第二节　正手击球 ... 20
　　第三节　反手击球 ... 24
　　第四节　发球 ... 32
　　第五节　接发球 ... 37
　　第六节　截击球 ... 45
　　第七节　高压球技术 ... 53
　　第八节　挑高球 ... 57
　　第九节　切削球 ... 63
　　第十节　反手放小球 ... 68

第四章　网球运动基本战术 ... 72
　　第一节　单打基本战术 ... 72
　　第二节　双打基本战术 ... 77

第五章　网球运动进阶技术 ... 83
　　第一节　正手击球进阶技术 ... 83
　　第二节　反手击球进阶技术 ... 90

	第三节	发球进阶技术	95
	第四节	正手截击球进阶技术	101
	第五节	反手截击球进阶技术	108

第六章　网球运动专项身体素质训练 116

	第一节	网球专项步法训练	116
	第二节	网球专项身体素质训练	121

第七章　网球竞赛裁判方法与规则 127

	第一节	网球裁判员概述	127
	第二节	网球竞赛裁判方法	128
	第三节	网球单打和双打竞赛规则	133
	第四节	网球竞赛计分	138
	第五节	信任制规则	139

参考文献 140

第一章　网球运动简介

第一节　世界网球运动简况

一、网球运动的起源与发展

网球运动起源于法国。早在十二三世纪,法国传教士常常在教堂的回廊里用手掌击打一种类似小球的物体,以此来调剂刻板的教堂生活。

14 世纪中叶,法国诗人把网球游戏传入法国宫廷,作为皇室贵族的消遣活动。最初这种游戏在大厅里进行,球以布裹上头发,再用绳子绑住,场地中间高架一绳,利用两手当球拍。

微课：世界网球运动简况

1358—1360 年,这种供贵族玩的古式网球从法国传入英国。法国王储曾送网球(外壳布制,内壳塞有毛发等物)给英王亨利五世,英王颇感兴趣,下令在宫内建室内网球场。从此,网球开始在英国盛行,成为英国上层社会的一种娱乐活动,所以网球有"贵族运动"的雅称。

后来,人们厌倦了用手击球,板拍和球拍便应运而生。最初皇家贵族用一种介于驾驶手套和棒球手套之间的皮制手套击球,后来手套逐渐演变成板拍,板拍又很快被蒙着羊皮的木制球拍代替。同时,场地中间的绳子也发生了变化,增加了许多向地面垂下的短绳子,球从绳子下面穿过时,可以明显被球员发现。到了 17 世纪初,场地中间的绳帘改成小方格网子,球拍也改成穿线式的了。

随着球拍的变化,球也随之发生改变。最初的球很柔软,主要由羊毛和麻制成。随着板拍的出现,出现了一种比较结实、用皮革充填锯屑和细砂制成的球。后来出现了穿线球拍,人们便使用一种用皮革、棉、麻缠在一起并将接缝处缝合起来的球,并根据场地的背景,把球分成黑、白两色。直到 1845 年,出现了用橡胶制成的网球,为网球运动带来了一次革命。

1858 年,英国人哈利·梅姆在英国伯明翰一位朋友的草地上建造了一个"网球场",促进了早期网球游戏的开展。

1872 年,哈利·梅姆创建了莱明顿网球俱乐部,扩大了网球游戏的影响。梅姆催生了网球运动。

1873 年,英国温菲尔德少校将网球打法进行改良,发明了草地网球,奠定了现代网球的基础。

1874年,美国女运动员玛丽·尤因·奥特布里奇从百慕大的英国陆军军官手里买了网球器材,用这些器材在美国纽约斯塔腾岛板球和棒球俱乐部的场地内建立了第一个网球场,美国网球运动从此拉开序幕。

1875年,产生了第一部草地网球规则。

1877年,举办了首届草地网球锦标赛,即温布尔登第一届比赛(男子)。从此,网球运动从游戏时代进入竞技运动时代。

1881年,世界上出现了第一个全国性的网球协会——美国全国草地网球协会,并在罗得岛的新港举办了首届美国男子冠军锦标赛。之后美国网球运动迅猛发展,逐渐赶上并超过了最早开展网球运动的法国和英国。

1887年,开始举行美国草地网球女子单打锦标赛。

1888年,成立了英国草地网球协会。

1891年,法国首次举行了男子单打和男子双打锦标赛,参加者限于法国公民。

1896年,在雅典举行的第1届奥运会开始设有网球项目。

1900年,美国人戴维斯为增进网球运动员间的友谊,捐赠了一只当时约价值800美元的黄金衬里的纯银大钵,命名"国际草地网球挑战杯",但通常习惯称作"戴维斯杯",后来该奖杯成为国际网坛上声誉最高的男子团体锦标赛永久性流动杯,每年的冠军队及其队员的名字都刻在杯上。

1904年,澳大利亚草地网球协会成立,并于1905年举办了第一届澳大利亚网球锦标赛,设立男子单打、男子双打两个项目。1922年又增加了女子单打、女子双打和混合双打三个项目。

二、国际网球组织机构

(一)国际网球联合会

国际网球联合会(ITF)是最早的国际组织,成立于1913年。其主要职责是负责有关网球比赛的一切事务;制定与修改网球规则;为发展中国家的网球教练开设培训班;协调世界青年、成年和老年网球比赛。

(二)国际男子职业网球协会

国际男子职业网球协会(ATP)成立于1972年,是世界男子职业网球选手的"自治"组织机构。ATP的主要任务是协调职业运动员和赛事之间的伙伴关系并负责组织和管理职业选手的积分、排名、奖金分配,以及制定比赛规则和给予(或取消)选手的参赛资格等工作。

(三)国际女子职业网球协会

国际女子职业网球协会(WTA)成立于1973年,是世界女子职业网球选手的"自治"组织机构。WTA的主要任务是组织职业选手的各种比赛,主要是WTA巡回赛,管理职业选手的积分、排名、奖金分配等。WTA 的工作是代表职业球员的利益,保证世界上几百位职业球员都能有机会参加比赛,并在比赛中打出水平;协调职业球员与赞助商、赛事主办者之间的关系,推动网球运动的发展。

三、国际重大网球赛事

(一)四大网球公开赛

英国温布尔登网球公开赛、美国网球公开赛、法国网球公开赛、澳大利亚网球公开赛均由国际网球联合会主办,级别最高,奖金最高,冠军可以获得1000分的排名积分。

英国温布尔登网球公开赛,是现代网球史上最早的比赛,由全英俱乐部和英国草地网球协会于1877年创办,该赛事于每年的6月最后一周至7月初定期举行。

美国网球公开赛,1881年举行首届美国网球冠军赛。1968年进入公开赛时代,每年的8月至9月举行。

法国网球公开赛,始创于1891年,每年的5月底至6月初举行。

澳大利亚网球公开赛,1905年开始创办,通常于每年的1月底至2月初举行。

(二)奥运会网球比赛

男女网球分别于1896年首届奥运会和1900年第2届奥运会列为比赛项目,后因各种原因被取消,1988年第24届奥运会才重新回到奥林匹克大家庭。

(三)ATP世界巡回赛1000大师赛

ATP世界巡回赛1000大师赛是ATP下辖的ATP世界巡回赛的一个系列,简称"ATP大师赛"。该系列比赛包含9个站的大师赛,分别分布在欧洲、北美洲和亚洲(2009年后)。这一系列比赛对顶尖的男子网球选手来说极为重要,其重要程度仅次于网球四大满贯和ATP年终总决赛。

ATP 1000大师赛包括印第安维尔斯大师赛、迈阿密大师赛、蒙特卡洛大师赛、马德里大师赛、罗马大师赛、蒙特利尔网球大师赛、辛辛那提大师赛、上海大师赛、巴黎大师赛。

(四)WTA网球比赛

WTA皇冠明珠赛。WTA皇冠明珠赛是由国际女子网球协会管理的一系列女子职业网球比赛。该系列比赛又被称为"WTA超强赛",包含了分布在欧洲、亚洲和北美洲的四项女子网球比赛。这些比赛对于职业女子网球运动员来说极为重要,其重要程度仅次于网球四大满贯和WTA年终总决赛。

WTA皇冠明珠赛包括印第安维尔斯大师赛、迈阿密大师赛、马德里大师赛、中国网球公开赛。

WTA超五巡回赛。WTA超五巡回赛是由国际女子职业网球联合会(WTA)主办的世界顶级网球赛事,共设5站比赛,在全球影响力巨大。一方面,赛事奖金总额达200万美元,冠军可获得 900 分的积分;另一方面,该赛事的参赛球员阵容中将包括世界前 10 名的至少 7 位球员,且每年都吸引了大量观众现场观赛,现在全球约有 30 亿人通过电视等媒体观看该赛事。

5 站比赛原设在多哈、罗马、辛辛那提、多伦多(或蒙特利尔)和东京。2012 年 12 月 25 日,国际女子职业网联董事会正式核准 2014—2028 年 WTA 超五巡回赛在武汉 2011 年法网冠军李娜的故乡举办,武汉国际网球公开赛将取代已举办了 30 年的东京公开赛。

(五)团体赛

戴维斯杯——男子团体赛。戴维斯杯网球赛始办于 1900 年,是世界网坛层次最高、影响最大的国际性团体赛。因系美国人戴维斯倡议举办,并捐赠银质奖杯授予冠军队,故名"戴维斯杯网球锦标赛"。

联合会杯——女子团体赛。联合会杯网球赛是世界上最重要的国家女子网球团体赛事,创立于 1963 年。联合会杯是每年一度的世界女子网球团体赛,也是世界网坛层次最高、影响最大的国际性女子团体赛。2020 年 9 月 17 日,国际网球联合会宣布,女子网球团体赛事联合会杯正式更名为"比利-简-金杯",以此来纪念比利-简-金这位女子网球发展的先驱。

比利·简·金曾 12 次获得大满贯女单冠军,并且率美国队在 1963 年首届联合会杯折桂,她也是 WTA 的创始人。这项女子团体赛已发展成为女子体育领域规模最大的年度国际团体赛,共计 116 支国家队报名参加了 2020 年的比赛。

霍普曼杯——男女混合团体赛。以澳大利亚网坛传奇人物霍普曼(Harry Hopman)的名字命名的世界网球混合团体赛。首届比赛始于 1988 年 12 月 28 日,每队男女选手各一人,进行男单、女单和混双三场比赛,每场比赛采用三盘两胜制。

第二节 中国网球运动简况

一、新中国成立前网球运动的发展历程

网球运动于 1885 年前后由外国传教士和商人传入我国。在 1910 年的首届全运会上,网球是正式比赛项目。在 1927 年第 8 届远东运动会上,以邱飞海、林宝华为主力的中国队获得冠军。这是新中国成立前我国首次获得国际网球赛冠军。新中国成立前我国曾 6 次派人参加戴维斯杯网球赛,均未获得好成绩。1938 年和 1939 年英国硬地网球锦标赛单打冠军是中国的许承基。

微课:中国网球运动简况

二、新中国成立后网球运动的发展

1956 年,成立中国网球协会,之后定期举行全国网球等级赛和全国单项比赛。

1958年,我国首次派代表团参加了在伦敦举行的温布尔登网球赛。

1959年,朱振华和梅福基在波兰"索波特国际网球赛"中首次夺得男子双打冠军。

1965年,戚凤娣获得"索波特国际网球赛"女子单打冠军。

1974年,我国第一次参加亚运会,在网球比赛中获得男团、女团、混双三枚银牌。

1977年,美国网球队访华,中美运动员在北京、上海和广州一共打了73场比赛,中国只赢了4场。

1980年,广州举办ATP巡回赛,奖金为5万美元,这是我国第一次举办职业网球赛事。

1983年,加法尔杯亚洲国家男子团体网球赛,我国代表刘树华、马克勤、尤伟、李时勤一鸣惊人,以黑马姿态夺冠。同年,参加戴维斯杯东方赛区的比赛,以2∶3憾负日本队。

三、进入21世纪中国网球取得的成绩

我国涌现出李婷、孙甜甜、张帅、彭帅、王蔷、郑赛赛、徐一璠、王欣瑜等一批优秀的网球女运动员。

2004年,雅典奥运会上,李婷、孙甜甜夺得女双金牌,诞生了中国网球的第一个世界冠军。

2006年,郑洁、晏紫夺得澳网、温网大满贯双打冠军。

彭帅曾获得职业生涯双打最高排名第1位,其单打最高排名也曾升至世界第14位。

李娜在2011年法国网球公开赛和2014年澳大利亚网球公开赛中获得女子单打冠军,李娜也是亚洲第一位大满贯女子单打冠军。其单打最高排名世界第2位。

晏紫单打最高排名世界第40位,双打最高排名世界第4位。

郑洁单打最高排名世界第15位,双打最高排名世界第3位。

王蔷单打最高排名世界第12位。

张帅在2019年澳网、2021年美网中与斯托瑟一起赢得女双冠军。

徐一璠在2020年美网中搭档梅里查儿获得女双亚军。

郑钦文为中国网球运动员女单一号选手(截至2022年6月20日)。

2020年8月,在国际网联巡回赛科尔德农斯站郑钦文夺得成人赛首个冠军。

2022年1月,郑钦文闯入澳大利亚网球公开赛女单正赛。

2022年,法国网球公开赛女单第三轮,郑钦文成为继郑洁、李娜、张帅之后第4位闯入法网16强的中国金花。

2022年6月,郑钦文获得WTA125瓦伦西亚站女单冠军,世界排名第46位。

相比女子网球运动员,我国男子网球运动员的成绩要较为逊色,但也涌现了一批优秀的新生力量,如张之臻、吴易昺、商竣程、柏衍、张择、曾少眩、李瀚文等。

2017年,张择在ATP旧金山挑战赛中首次夺冠,这也是中国大陆男网拿下的奖金级别最高的一个挑战赛冠军。

2021年,19岁的李瀚文在ITF希望赛15K多哈站中获得首个ITF15K赛事冠军。

张之臻是中国网球的头号男单选手(截至2022年6月20日)。2021年,张之臻成为

公开赛年代(1968年)以来首位打入温网男单正赛的中国大陆男子球员。在2022年6月20日温网公开赛中,张之臻晋级资格赛次轮比赛。

吴易昺,目前中国网球的二号男单选手。

2021年,在中国网球巡回赛CTA800临汾站吴易昺男单决赛中获得冠军。

2021年,在中国网球巡回赛澳门总决赛男单决赛中吴易昺获得冠军。

2022年4月,在ITF美国橙园M15男单决赛中吴易昺获得冠军。

2022年6月,吴易昺获得奥兰多挑战赛冠军。

2023年2月13日,吴易昺获得ATP250巡回赛达拉斯站单打冠军。

从温网突破资格赛考验晋级的张之臻,到商竣程、李瀚文的不断突破,沉寂多年的中国男网变得令人充满期待。

四、中国承办的十大网球赛事

中国网球公开赛(WTA皇冠明珠赛、ATP500)、上海大师赛(ATP1000)、武汉公开赛(WTA超五赛)、珠海精英挑战赛(WTA小年终)、广州公开赛(WTA国际赛)、深圳女子公开赛(WTA国际赛)、天津公开赛(WTA国际赛)、江西公开赛(WTA国际赛)、深圳男子公开赛(ATP250)、成都公开赛(ATP250)。

第三节 网球运动的特点和健身价值

一、竞技网球运动的特点

(一)世界体坛的热门项目

网球一直以它特有的魅力吸引着越来越多的参加者,在世界各项球类运动中网球的地位被认为仅次于足球。

(二)比赛频繁

世界所有比赛项目中,网球比赛最为活跃。

(1)四大网球公开赛。包括温布尔登网球锦标赛、美国网球公开赛、法国网球公开赛、澳大利亚网球公开赛。

(2)奥运会网球比赛。男女网球分别于1896年首届奥运会和1900年第2届奥运会被列为比赛项目,后因各种原因被取消,1988年第24届奥运会才重新回到奥林匹克大家庭。

(3)ATP世界巡回赛1000大师赛。包括印第安维尔斯大师赛、迈阿密大师赛、蒙特卡洛大师赛、马德里大师赛、罗马大师赛、蒙特利尔网球大师赛、辛辛那提大师赛、上海大师赛、巴黎大师赛。

(4)WTA网球比赛。WTA皇冠明珠赛,包括印第安维尔斯大师赛、迈阿密大师赛、

微课:网球运动的特点和健身价值

马德里大师赛、中国网球公开赛。WTA超五巡回赛,五站比赛现设在多哈、罗马、辛辛那提、多伦多(或蒙特利尔)和武汉。

网球联合会杯现更改为"比利-简-金杯"。

(三)奖金数额惊人

网球之所以成为当今世界的热门项目,除了网球运动特有的魅力之外,另一个重要因素是国际网球比赛大多设有高额的奖金。

首届美国网球公开赛奖金总额为10万美元,1982年增加到150万美元,1983年增加到210万美元,1985年增加到300多万美元,2020年为5340万美元,2021年为5750万美元。

2019年,法国网球公开赛奖金总额达到了4266.1万欧元,折合人民币约为3.2亿元。而最终的男女单冠军奖获得230万欧元,折合人民币是1700多万元,较2018年增长4.55%。最终的亚军也可以获得118万欧元的奖励。2020年法国网球公开赛奖金总额达到3800万欧元,2021年为3436.7万欧元。

2021年,温布尔登网球公开赛总奖金为3501.6万英镑。

2021年,澳大利亚网球公开赛总奖金为7150万澳元,折合人民币约为3.5亿元。其中,男女单打冠军能获得约289万澳元,折合人民币约为1300万元;男女单打亚军能获得约163万澳元,折合人民币约为750万元;止步半决赛的选手可获得约合93万澳元,折合人民币约为425万元。

(四)组织机构颇具效能

比赛频繁、奖金惊人的世界网球运动是由谁来组织安排的?自然是能够驾驭国家网坛的组织机构,首先是国际网球联合会。

国际网球联合会(简称国际网联)成立于1912年3月1日,成立伊始,只有澳大利亚、英国、法国等12个国家的网协代表参加,现有会员210个,其中145个为正式会员,65个为无表决权的联系会员。

国际网联的任务是制定、修改和实施网球规则,促进全世界网球运动的发展,在国际上维护网球运动的利益,促进和鼓励网球教学,为国际赛事制定和实施规则,裁定国际网联认可的正式网球锦标赛,增强协会会员的影响力,维护国际网联的独立,确定运动员的资格,管理业余、职业及业余—职业混合型比赛,合理使用国际网联的资金,维护网球界的团结及监督这些规则的实行等。

(五)新秀崛起,群星争辉

在现代网球100多年的发展进程中,涌现出了许多杰出的选手,他们都为网球技战术的进步与发展做出了卓越的贡献;他们以超群的技艺与竞技能力赢得了比赛胜利,一次又一次登上了世界冠军的领奖台,成为世人仰慕的球星。

男子优秀运动员有费德勒、纳达尔、德约科维奇、穆雷、丹尼尔·梅德韦杰夫、亚历山大·兹维列夫、斯特凡诺斯·齐齐帕斯、安德烈·卢布列夫、马泰奥·贝雷蒂尼等。

女子优秀运动员有阿什莉·巴蒂、卡-普利斯科娃、大坂直美、哈勒普、比安卡·安德莱斯库、塞雷娜·威廉姆斯、维纳斯·威廉姆斯、阿杜卡努等。

(六)团体比赛中美国的霸主局面被打破

著名的戴维斯杯网球赛是世界最高级别的男子团体角逐赛事,联合会杯网球赛是世界最高水平的女子团体角逐赛事,这两项赛事是衡量一个国家或地区整体实力的重要标志。

戴维斯杯:2007年以前美国共获得32次冠军;2008—2019年,冠军先后被西班牙、塞尔维亚、捷克、瑞士、英国、阿根廷、法国、克罗地亚获得,其中西班牙在2009年、2011年和2019年共获得三次冠军,塞尔维亚在2010年和2013年共获得两次冠军。2021年是俄罗斯获得冠军。

联合会杯:1963—2021年,美国获得了18次冠军,澳大利亚获得了7次冠军,捷克获得了6次冠军,西班牙获得了5次冠军,俄罗斯获得了5次冠军,法国获得了1次冠军。

二、网球运动的特点

网球是一项隔着球网,由两名或两对运动员在场上用球拍往返击打橡胶制空心球的体育项目。网球运动具有以下特点。

(一)对身体要求低

网球是一项男女老少、高矮胖瘦者均可参加,节奏可控的运动,运动寿命长,可以从3~4岁开始,直至走不动为止。

(二)趣味性强

网球运动的运动量和运动强度可调控,可慢可快,可张可驰,参与者能以饱满的热情和适合自己的强度在球场上进行运动。

(三)有很高的观赏性

主要包括运动员的身体美、技术动作美、运动战术美、网球运动服饰美以及精神美。身体美体现在形体美,如修长、高大、匀称、肌肉均衡发展,反映了健康美;技术动作美,如身体舒展、技术动作规范、发力符合生物力学原理、身体协调;运动战术美,是指网球比赛中运动员通过合理、灵活的技术所表现出来的美;服饰美,男性运动员穿翻领上衣和短裤,女性运动员穿短裙,在运动场上裙摆飘扬,给人一种健康、富有朝气、蓬勃向上的美感;精神美,体现在意志美、拼搏美、独立精神美、团队精神美等。

三、网球运动的健身价值

(一)直接价值

(1)预防心血管疾病。

(2)提高呼吸系统功能。

(3)增强身体素质。

(4)强化心理品质。

(5)控制体型与保持体重。

(6)提高社会交往能力。

(7)减缓心理应激反应。

(8)延年益寿。

(二)间接价值

(1)省钱。身体健康可节省社会资源。

(2)孝、爱。把自己的身体照顾好、锻炼好,不让父母操心,不需要父母照顾,也是对父母的另一种孝顺;把自己的身体照顾好、锻炼好,为孩子们做好示范,不给孩子添负担,也是送给孩子的礼物和更好的爱。

(三)提高民族生命力

习近平总书记曾说:"全民健身是全体人民增强体魄、健康生活的基础和保障,人民身体健康是全面建成小康社会的重要内涵,是每一个人成长和实现幸福生活的重要基础。"

眼界放远放宽,民族兴衰人人有责。每个人都是自己健康的第一责任人,要自觉进行运动锻炼,自觉提高身体素养。

第四节 现代网球运动发展趋势

一、比赛的商业化、职业化促使网球运动高速发展

当今四大网球比赛和不同级别的大奖赛、巡回赛、大满贯和独资赞助的大赛所设奖金都高得惊人,在高额奖金的刺激下,优秀选手的职业化、专项训练、参赛推动了网球训练的变革和技术水平的提高。

二、运动员的竞技能力全面而同步发展

微课:现代网球运动发展趋势

运动员的竞技能力大致由技能、体能和心智能三个方面构成。

三、运动员技术更加全面、精细

美国网球公开赛和澳大利亚网球公开赛是沥青混凝土涂塑硬场地,温布尔登公开赛是草地球场,法国公开赛是红土场地,不同性能的场地,球速和弹跳规律不同,跑动步法和

调整方式也不同,要求运动员具有广泛的适应能力,这促使了运动员技术更加全面和精细。

另外,赛事频繁,对抗日益激烈,在比赛中运动员之间的攻防矛盾经常转换,主动与被动经常交替。为了适应这种制约与反制约,运动员必须力求技术全面。

四、各项攻防技、战术不断创新和发展

技术上,双手反拍大大加强了反拍的攻击力,正手攻击性上旋高球已发展为反拍攻击性上旋高球,提高了防范能力。鱼跃截击球技术、反手高压、胯下击球及双打中的扑抢技术、用快速起跳高压来对付攻击性上旋高球等高难技术不断出现。

五、更多的青少年选手跨入世界水平行列,运动员有早期成熟的标志

1990年,南斯拉夫16岁女运动员塞莱斯托获得了法网冠军,1991年她又获得了澳网、美网和法网冠军。

1997年,17岁的辛吉斯获得了澳网冠军、美网冠军及法网亚军。

2021年,18岁的拉杜卡努获得了美网冠军。

六、女子动作男性化

女子网坛一个比较明显的趋势就是力量派选手越来越占主导地位,女子动作男性化。例如,美国的大威廉姆斯能发出令许多男选手也咋舌的时速超过200千米的发球。能在网坛占据霸主地位,不仅要有出色的技术,还要有灵活的步法和充沛的体能。

第五节 网球礼仪

网球礼仪是指人们在网球活动中,以道德素养为核心,按一定的程序和规则来表现公平竞争、律己敬人的行为准则和规范。网球礼仪是网球文明的重要标志。

运动员在网球比赛中的言谈举止,不仅体现个人素养,还关系到一个国家的形象。网球礼仪包括比赛礼仪、观赛礼仪和练球礼仪。

微课:网球礼仪

一、比赛礼仪

(一)服装礼仪

参加网球比赛的男运动员应穿带衣领的半袖运动T恤衫和运动短裤(现在对于带衣

领的要求不是很严格），女运动员穿中袖或无袖上衣及短裙或连衣裙。温网要求必须穿白色衣服。

（二）尊重对手

（1）正式比赛前和对手握手或者拥抱。

（2）正式比赛时，应采用上手发球，虽然下手发球不被禁止，但是下手发球被认为是对对手的不尊重。

（3）开场发球时，应举球向对手示意，待对手做好接球准备再发球。

（4）比赛中，如果打出一记擦网制胜球，要向对手说"对不起"或举拍示意。

（5）比赛中，对手打出好球，应鼓掌向对手表示祝贺。

（6）比赛中，交换场地时，不得越过球网，应绕过网柱互换场地。

（7）比赛结束后，不论胜负，都应主动与对手握手。

（8）双打比赛中，队友之间也应握手，相互鼓励，出现失误时，不得指责队友，应上前表示鼓励，给予信心。

（9）比赛中要诚实守信。

（10）必须全力以赴，认真对待比赛中的每一分球。

（11）比赛结束后，向观众致谢。

（三）尊重裁判

（1）比赛中，如果对裁判的判决有异议，可以向裁判申请挑战"鹰眼"或向裁判指出球印，不能和裁判发生争执，应尊重裁判的判决。

（2）比赛中，不能因为对裁判判罚的不满而摔拍表示抗议，可以采取申诉的方式解决。

（3）比赛结束后，双方运动员应主动与裁判员握手，向裁判员致谢。

比赛中若有损害运动员形象、不合乎运动员礼仪和身份的行为，裁判员可以根据三级判罚制对球员的不良行为加以惩治：首次违规，给予警告；再次违规，罚分处理；第三次违规，取消比赛资格。

二、观赛礼仪

（1）比赛开始前，观众做好准备，按时拿票、对号入座，如果迟到，则需等球员单局休息时入场，以免影响球员的注意力。

（2）比赛活球期间，观众应保持安静，不得在球场大声喧哗、随意走动、接打电话，手机也应调成振动或者静音状态。

（3）比赛期间，摄影人员要关闭照相设备的闪光灯，防止影响球员的视线。

（4）比赛死球前，不得在场内大声叫好、鼓掌，需等打完一分后再鼓掌喝彩。

（5）比赛期间，观众不得与球员进行任何形式的交流和指导，也不得向裁判询问比分或者提出质疑。

(6) 比赛期间,如果球打入观众席,一定要在每一分比赛结束后,方可扔入场内,不得在比赛进行时将球扔进场内,干扰比赛。

(7) 除了必要的工作人员,其他任何人不许进入场地。

三、练球礼仪

(1) 着装整洁,不穿皮鞋或赤膊打球。

(2) 不要跨网或压网。

(3) 开球时要先看对手有没有做好接球准备,可以将球拍拿起来示意,这是对对手的尊重。

(4) 击球失误时要向对方致歉。

(5) 练球时应主动承担起为对方司线的责任。

(6) 当你的球滚入邻场,而邻场球员正在练球时,需要等邻场球员不再继续击球再迅速入场捡球或请其帮助把球扔出来。如果轻率进去捡球,会很失礼,也会有危险。

(7) 保持场地清洁。

第二章 网球场地器材

第一节 网球场地

一、比赛场地

(1) 单打网球场是一个长方形场地,长 23.77 米(78 英尺),宽 8.23 米(27 英尺)。用球网从中间隔开,球网悬挂在直径不超过 0.8 厘米(1/3 英寸)的绳或钢丝上,球网两端悬挂在直径不超过 15 厘米(6 英寸)的网柱上。网柱高不得超过网绳顶部 2.5 厘米(1 英寸)。网柱中心距边线外沿 0.914 米(3 英尺)。网柱高度应使网绳或钢丝绳的顶部距地面 1.07 米(3 英尺 6 英寸)。当兼有双打和单打的球场挂着双打球网用于单打时,球网必须用高度为 1.07 米(3 英尺 6 英寸)的两根单打支柱作支撑,单打支柱的直径或边长不得超过 7.5 厘米(3 英寸),单打支柱中心距单打场地外沿 0.914 米(3 英尺),如图 2-1 所示。

微课:网球场地器材

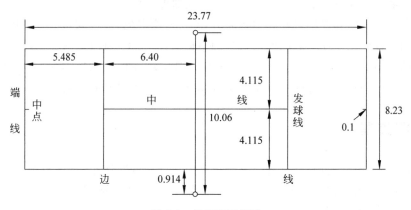

图 2-1 单打网球场地

(2) 双打网球场宽为 10.97 米(36 英尺),比单打网球场每边长 1.37 米(4.5 英尺)。两发球线间的单打球场边线为发球区的边线。其余各项与单打球场规则相同。双打球网长 12.80 米(42 英尺),双打网柱的中心距、双打边线的外沿为 0.914 米(3 英尺),如图 2-2 所示。

(3) 球网应充分展开,完全填满两柱间空隙,网孔大小以球不能穿过为准。球网中央高

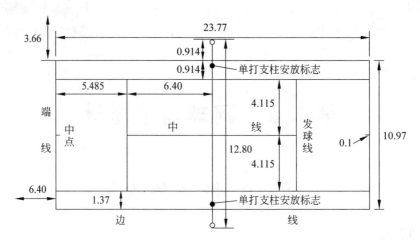

图 2-2 双打网球场地

0.914 米(3 英尺),并用不超过 5 厘米(2 英寸)的白色中心带束于地面。网顶的绳或钢丝绳要用白色网边布包缝,每边宽不得小于 5 厘米(2 英寸),也不得大于 6.3 厘米(2.5 英寸)。

(4) 在球网、中心带、网边白布上或单打支柱上均不得出现广告。

(5) 球场两端的界线叫端线(又称"底线"),球场两边的界线叫边线。在球网两侧 6.4 米(21 英尺)处的场内各画一条与球网平行的横线,叫发球线。在连接两发球线的中点画一条与边线平行的线,线宽 5 厘米(2 英寸),叫中线。中线与球网呈"十"字形,将发球线与边线之间的地面分成四个相等的区,叫发球区。在端线的中心,向场内画一条 10 厘米(4 英寸)长、5 厘米(2 英寸)宽的垂直于端线的短线,叫中点。全场除端线可宽至 10 厘米(4 英寸)外,其他各线的宽度均不得超过 5 厘米(2 英寸),也不得少于 2.5 厘米(1 英寸)。全场各区的丈量,除中线外,都从各线的外沿计算。

(6) 在球场后面放置广告和其他物品时,不得使用白色、黄色或其他浅颜色。

(7) 如广告放置在球场后面的司线员的座椅上,广告不得使用白色或黄色。

(8) 国际网球锦标赛或国际网联主办的其他正式锦标赛规定,端线以外至少要有 6.40 米(21 英尺)的空地,边线以外至少要有 3.66 米(12 英尺)的空地。

二、场地类型

(1) 草地(如温网场地)。其特点是球落地时与地面的摩擦小,球的反弹速度快,对球员的反应、灵敏、奔跑速度、奔跑技巧要求特别高,同时发球上网、随球上网等各种上网强攻战术被视为草地网球场上制胜的法宝。

(2) 红土球场(如法网场地)。其特点是球落地时与地面有较大的摩擦,球速比较慢,球员在跑动中特别是在急停急回时会有很大的滑动余地,这些特点决定了球员在红土球场上必须具备比在其他场地上更优良的意志品质和更出色的奔跑移动能力,否则很难取胜。

(3) 硬地(如澳网和美网、中网场地)。硬地一般由水泥和沥青铺垫而成,其上涂有红、绿等漂亮的颜色或铺有一层高级塑胶面层,表面平整、硬度高。在硬地上,球的弹跳非常有规律,但球的反弹速度很快。

网球场地类型及特点如表2-1所示。

表2-1 网球场地类型及特点

场地类型	场 地 特 点
草地	有天然草地、人造草地两种。要求草皮疏密均匀,长短一致。这种场地造价高、不易保养、费用高。英国和澳大利亚多用草地球场。比如,温布尔登网球比赛用的就是草地球场
红土	这种场地造价低、易保养、修建方便,但需要专人保养。在欧洲普遍采用这种场地。比如,法国公开赛用的就是红土球场
硬地	在地面上涂几层塑料化合物或橡胶涂料,不同的颜色使场地清晰漂亮。此种场地的优点是易保养、可风雨日晒,使用寿命长。美国公开赛原用红土地现改用硬地,澳大利亚公开赛原用草地后改为硬地

第二节 网球器材

一、网球拍

(一)球拍重量

初学者或初级水平的选手建议选择拍头和拍身较轻的球拍,也就是拍头较宽大、拍头平圆为流线型的球拍。这种球拍既可培养球感,还可减少回球失误率。

随着球技和力量的提高,可更换拍头稍重、拍身重量适中的中间型球拍。这种球拍击球力量适中,回球时速度较好。

对于职业选手,常使用拍头重沉、拍身坚硬的标准型球拍,且多用高磅数拍线。这种球拍的使用者是击球精确、力量大的选手。

(二)拍面大小

球拍类型有中拍面、中大拍面和大拍面三种。中拍面的穿线面积小于94平方英寸,其特点是拍框小、甜点区小、高磅数拍线,适用于出球准确、力量集中的职业选手。中大拍面的穿线面积为95～104平方英寸,其特点是拍框中度、甜区中等,适用于力量适中的全面型选手。大拍面的穿线面积为105～115平方英寸,其特点是拍框大、甜点区中等、触球范围大,适用于初学选手、青年选手、老年选手。

(三)球拍材料

在20世纪60年代,木质拍几乎占据了所有的网球拍市场。

到20世纪70年代,金属球拍渐渐取代了木质球拍。

如今是复合材料的天下,如碳纤维、钛合金、玻璃纤维、超刚性碳纤维等材质已大量使用到网球拍的制造中。越来越坚硬的球拍被制造出来,以击打出更快速、更有力的球。

(四) 磅数的高低

常用的缠线磅数为 55～60 磅。

磅数的作用:磅数高,弹性降低,但是挥拍速度快速的球员能因此有更好的控球效果;磅数低就会产生弹簧床作用而使反弹力增加,控球性会降低。

二、比赛球

比赛球为白色或黄色,用橡胶化合物制成,外表用毛质纤维均匀覆盖,接缝处没有缝线。球的直径为 6.35～6.67 厘米(2.5～2.63 英寸),重量为 56.7～58.5 克。球的弹力:从 2.54 米(100 英寸)的高处自由落下时,能在混凝土地面上弹起 1.35～1.47 米(53～58 英寸)。气温在 20℃(68F)时,如果在球上加压 8.165 千克(18 磅)时,推进变形应大于 0.89 厘米(0.3 英寸),小于 1.08 厘米(0.425 英寸)。

在海拔 1219 米以上地方比赛时,可以使用另两种球。第一种球落地后弹起的高度应大于 121.92 厘米、小于 135 厘米。其他参数同上所述,球内压力应大于外界压力。这种球通常称为"有压球"。第二种球落地后弹起的高度应大于 135 厘米、小于 147 厘米,其他参数也同上所述,球内压力几乎和外界压力相同,并且已置于特殊比赛的气压下 60 天或更长时间。这种球通常称为"零压球"。

三、网球线的选择

根据材料,网球线主要分为两种:天然肠线和人造复合线。

天然肠线一般是由猪、牛、羊等动物的小肠做成,因为最早的网球拍线是由羊的小肠做成,故又称"羊肠线"。天然肠线的优点是击球感觉好,拉力不容易下降,弹性好,击球时对手的振动力也小。天然肠线的不足在于价格昂贵,耐磨性差,怕热,容易受潮变质。

人造复合线是由不同的纤维丝结构组成,一般也称"尼龙丝"。人造复合线的优点是不易受潮,使用寿命较长。与天然肠线相比,人造复合线的不足在于击球感较差,弹性较弱,伸缩性不太好。

四、减震器

减震器对减少震动的确有一定的作用,过多的震动会伤害手臂,导致手肘受伤。减震器对弹性过高的球拍也有改善作用。如果拉线的磅数高了,也可以通过减震器来调节。

五、吸汗带

吸汗带用于缠绕在球拍拍柄上,可使球员的手感舒适,握拍牢固,吸汗防滑。

六、网球鞋

在打网球时,一定要穿专业网球鞋,专业网球鞋的特殊构造有助于提高球技,增强有效跑动。

第三章　网球运动基本技术

第一节　握　拍　法

一、握拍法简介

握拍是所有击球的基础,它直接影响挥拍的方式,击球时的拍面角度、击球点以及控制深度和力量等最重要的击球因素。握拍的方式有许多种,我们应该依据击球效果来选择不同的握拍法。

微课:握拍法

二、握拍技术

(一)大陆式握拍法

常用类型:发球、截击球、高压球、削切球、放小球以及防御性击球。

握拍位置:手掌根部贴住拍柄底端,拇指扣压在左垂直面上,虎口对准拍柄上平面,食指与中指、无名指和小拇指稍分离且自然弯曲,食指扣扳机,如图3-1所示。

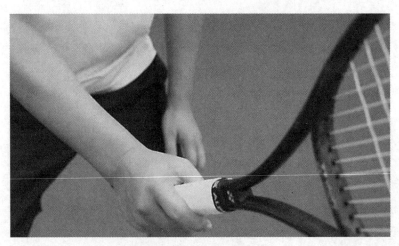

图 3-1　大陆式握拍法

优点:正反手击球都可以不改变握拍方法。

缺点:腕力较弱的球员不容易打出好球。

（二）东方式握拍法

常用类型：发球、正手击球、反手击球。

握拍位置：东方式握拍也叫作握手式，虎口对准拍柄右上斜面，食指与中指、无名指和小拇指稍分离且自然弯曲，食指扣扳机，如图 3-2 所示。

优点：发球速度快，可以通过手腕的压缩来控制出球的角度，能够快速转换握拍等。

缺点：击球缺乏旋转，稳定性差，不适合击打高位球等。

图 3-2　东方式握拍法

（三）西方式握拍法

常用类型：正手击球。

握拍位置：球拍平放在地面的情况下，再用手抓起来，要保证球的拍面能够与地面平行，食指与中指、无名指和小拇指稍分离且自然弯曲，食指扣扳机，如图 3-3 所示。

优点：能够击打出强烈上旋球，有很大的杀伤力。

缺点：不适合处理较低的来球。

图 3-3　西方式握拍法

（四）半西方式握拍法

常用类型：正手击球。

握拍位置：虎口对准拍柄右上斜面的交界线处，食指与其他三个手指稍分开，食指下关节压在右垂直面上，拇指弯曲握住左垂直面，食指扣扳机，如图3-4所示。

优点：可以打出更深远的平击球，有利于控制高球。

缺点：握拍转换较困难，不适合回击较低来球。

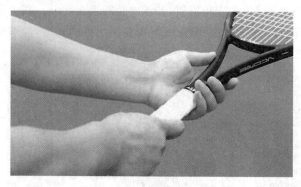

图3-4　半西方式握拍法

（五）反东方式握拍法

常用类型：发球。

握拍位置：虎口对准球拍的左上斜面的交界线处，食指与其他三个手指稍分开，食指下关节压在右平行面上，拇指弯曲握住左垂直面，食指扣扳机。

优点：可以打出强烈旋转的球，更容易转换为大陆式握拍。

缺点：击球的控制能力较差。

第二节　正手击球

微课：正手击球

一、正手击球介绍

正手击球是最为基本也是最为重要的技术之一，既是初学者的入门技术，又是多数运动员用以得分取胜的主要手段。一场网球比赛，正手击球的机会较多，正手击球有力、速度快、落点变化多，可使自己在场上获得有利的进攻位置。有经验的运动员依靠正手击球来创造机会进而得分制胜。

二、正手击球动作要领

（一）握拍法

这里介绍半西方式握拍法。以右手持拍为例，手指放松，握拍不宜太紧，如图3-5所示。

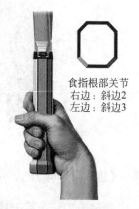

食指根部关节
右边：斜边2
左边：斜边3

图3-5　正手握拍

（二）准备姿势

站位：两脚自然开立，与肩同宽，或稍宽于肩。两膝自然微屈，重心稍放在前脚掌上，目光注视来球方向。

持拍：球拍置于肚脐与胸之间，两肘轻触腰侧部，如图3-6所示。

图3-6　正手击球准备姿势

（三）引拍

侧身：分腿垫步，转动双脚，转肩转髋带动右手向后引拍。

站位：左脚向前方上步，右脚向右转90°与底线平行。

重心：两膝弯曲，重心在两脚之间，身体保持平衡。

手部动作：左手伸向击球点位置，引拍时右手肘部弯曲120°～150°，拍头高于手腕，球拍置于腰部与头部之间，拍柄垂直于网，拍面稍微向下关闭，如图3-7所示。

重点：引拍时，肘部弯曲120°～150°，拍头高于手腕。

图3-7　正手击球引拍

（四）击球

击球站位：两脚前后站立，呈关闭式站位。

击球位置：在身体的右侧前方1点位置击球，与球接触位置应在拍子中心甜区，双眼注视击球区。

击球拍面：准备触球时，拍子低于来球。拍面触球时应垂直于地面。

击球轨迹：向前挥拍击球，手腕固定。

身体转动：右脚蹬地转腰，转动身体带动挥拍。

重点：拍面触球时应垂直于地面，如图 3-8 所示。

图 3-8　正手击球

（五）随挥动作

随挥轨迹：向前向上挥拍。

重心转变：右脚向前向上蹬地，重心转移到左脚。

拍子摆放：左手扶住拍颈，肘关节与肩同高，拍柄垂直于网。

重点：挥拍轨迹是向前向上随挥，如图 3-9 所示。

图 3-9　正手击球随挥动作

三、正手击球练习方法

（一）徒手击球练习

作用：加强挥拍连贯性，如图 3-10 所示。

图 3-10　徒手击球练习

（二）原地垂直喂球练习

作用：找准击球点，加强动作的稳定性，如图 3-11 所示。

图 3-11　原地垂直喂球练习

（三）自抛移动击球练习

作用：找准击球点，加强动作的连贯性，如图 3-12 所示。

图 3-12　自抛移动击球练习

（四）手抛球移动击球练习

作用：移动中找准击球点，如图 3-13 所示。

图 3-13　手抛球移动击球练习

（五）隔网持拍喂球练习

作用：提高击球的稳定性。

（六）两人小场地对拉练习

作用：提高对球的控制能力。

四、易犯错误及纠正方法

（一）击球时拍面朝下

纠正方法：击球时拍面平行于网。

（二）击球点靠后

纠正方法：在一点位置击球，在身体前方击球。

（三）击球时重心起来太快

纠正方法：在击球时保持膝盖弯曲。

第三节　反手击球

一、反手击球技术

反手击球技术是非常重要的技术，已不是单纯的防守和过渡概念，已具备向对手发起进攻的作用，有些运动员的反手进攻甚至强于正手。

微课：单手反拍

微课：双手反拍

反手击球技术具有攻击力强、隐蔽性好、准确性高、击球力量大等特点,在比赛中是重要的得分武器。

(一)反手击球动作要领

1. 握拍法(以右手持拍为例)

右手用东方式反手握拍法或大陆式握拍法,左手用东方式正握拍法,如图 3-14 所示。

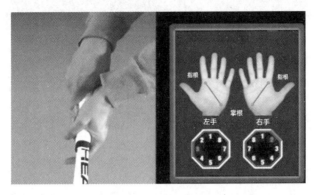

图 3-14 反手握拍

2. 准备姿势

站位:两脚自然开立,与肩同宽,或稍宽于肩。两膝自然微屈,重心稍放在前脚掌上。
持拍:球拍置于肚脐与胸之间,两肘轻触腰侧部,目光注视来球方向,如图 3-15 所示。

图 3-15 反手击球准备姿势

3. 引拍

侧身:分腿垫步,转动双脚,转肩转髋带动左手向后引拍。
站位:右脚向前方上步,左脚向左转 90°与底线平行。
重心:两膝弯曲,重心在两脚之间,身体保持平衡。
手部动作:侧身时同时转换握拍,引拍时左手肘部自然弯曲,右手自然放松,拍头高于手腕,球拍置于腰部与头部之间,拍柄垂直于网,拍面垂直地面,如图 3-16 所示。

重点：握拍转换。

图 3-16　反手击球引拍

4. 击球

击球站位：两脚前后站立，呈关闭式站位。

击球位置：在身体的左侧前方 11 点位置击球，与球接触位置应在拍子中心甜区，双眼注视击球区。

击球拍面：准备击球时，拍子低于来球。拍面触球时应垂直于地面。

击球轨迹：左手向前推送击球，右手保持球拍平衡，手腕固定。

身体转动：左脚蹬地转腰，转动身体带动挥拍。

重点：左手向前推送击球，拍面触球时应垂直于地面，如图 3-17 所示。

图 3-17　反手击球

5. 随挥动作

随挥轨迹：向前向上挥拍。

重心转变：左脚向前向上蹬地，重心转移到右脚。

拍子摆放：肘关节与肩同高，拍柄垂直于网。

重点：挥拍轨迹是向前向上随挥，动作连贯，如图 3-18 所示。

图 3-18　反手击球随挥动作

（二）反手击球练习方法

1. 徒手击球练习

作用：加强挥拍的连贯性，如图 3-19 所示。

图 3-19　徒手击球练习

2. 原地垂直喂球练习

作用：找准击球点，加强动作的稳定性，如图 3-20 所示。

图 3-20　原地垂直喂球练习

3. 下手抛球移动击球练习

作用：移动中找准击球点，如图 3-21 所示。

图 3-21　下手抛球移动击球练习

4. 隔网持拍喂球练习

作用：提高击球的稳定性。

5. 两人小场地对拉练习

作用：提高对球的控制能力。

（三）易犯错误及纠正方法

1. 击球拍面不对

纠正方法：拍面平行于网。

2. 击球点靠后

纠正方法：十一点位置击球，在身体前方击球。

3. 重心起来太快

纠正方法：在击球时保持膝盖弯曲。

二、单手反拍击球技术

单手反拍击球具有控制范围大、击球变化多、上网方便等特点，对于回击短球和击打角度较大的来球，单手反拍更具优势。特别是在跑动进攻中，单手反拍更能打出高质量的破网球。有些运动员的单手反拍进攻甚至强于正手，在比赛中单手反拍是重要的得分手段。

（一）单手反拍击球动作要领

1. 握拍法

采用大陆式握拍。以右手持拍为例，手指放松，握拍不宜太紧，如图 3-22 所示。

2. 准备姿势

站位：两脚自然开立，与肩同宽，或稍宽于肩。两膝自然微屈，重心稍放在前脚掌上。
持拍：球拍置于肚脐与胸之间，两肘轻触腰侧部，目光注视来球方向，如图 3-23 所示。

图 3-22　单手反拍握拍

图 3-23　单手反拍准备姿势

3. 引拍

侧身：分腿垫步，转动双脚，转肩转髋带动右手向后引拍。
站位：右脚向前方上步，左脚向左转 90°与底线保持平行。
重心：两膝弯曲，重心在两脚之间，身体保持平衡。
手部动作：侧身时同时右手转换大陆式握拍，引拍时右手肘部自然弯曲，左手扶住拍颈，拍头高于手腕，球拍置于腰部与头部之间，拍柄垂直于网，拍面垂直于地面，如图 3-24 所示。

图 3-24　单手反拍引拍

重点：握拍转换，拍面垂直于地面。

4. 击球

击球站位：两脚前后站立，呈关闭式站位。

击球位置：在身体的左侧前方 11 点位置击球，与球接触位置应在拍子中心甜区，双眼注视击球区。

击球拍面：准备触球时，拍子低于来球。拍面触球时应垂直于地面。

击球轨迹：右手向前推送击球，左手自然打开，身体保持平衡，手腕固定。

身体转动：左脚蹬地转腰，转动身体带动挥拍。

重点：击球的位置，拍面触球时应垂直于地面，如图 3-25 所示。

图 3-25　单手反拍击球

5. 随挥动作

随挥轨迹：右手向前向上挥拍。

重心转变：左脚向前向上蹬地，重心转移到右脚。

拍子摆放：击球结束球拍在右肩上方，左手向后完全打开，如图 3-26 所示。

重点：挥拍轨迹的连贯性。

图 3-26　单手反拍随挥动作

（二）单手反拍击球练习方法

1. 原地垂直喂球练习

作用：找准击球点，加强动作的稳定性，如图3-27所示。

图3-27　原地垂直喂球练习

2. 下手抛球移动击球练习

在距离击球者3米、45°的情况下，做下手抛球、移动、击球练习。

作用：移动中找准击球点，如图3-28所示。

图3-28　下手抛球移动击球练习

3. 隔网持拍喂球练习

作用：提高击球的稳定性。

4. 两人小场地对拉练习

作用：提高对球的控制能力。

（三）易犯错误及纠正方法

1. 击球拍面不对

纠正方法：拍面平行于网。

2. 击球点靠后

纠正方法：十一点位置击球，在身体前方击球。

3. 随挥动作不充分

纠正方法：右手向前向上挥拍，击球结束球拍在右肩上方。

第四节 发 球

一、发球的介绍

发球技术可以不受对方制约，在较大程度上能发挥个人特点，用以控制对方，为自己的进攻创造有利条件。为此，要求运动员比较全面地掌握各种发球技术动作，以便在比赛中争取主动。

微课：发球

二、发球的基本技术动作

（一）发球动作要领

1. 握拍法

这里介绍大陆式握拍法。以右手持拍为例，如图3-29所示。

食指根部关节
右手：斜边1
左手：斜边4

图3-29 发球握拍

2. 准备姿势

站位：侧身站立在端线外，两脚自然分开，约同肩宽，左脚与端线约成 45°，右脚与端线平行，重心在左脚上，如图 3-30 所示。

持拍：左手持球并轻托球拍拍颈，右手持拍。

图 3-30　发球准备姿势

3. 抛球

持球：左手持球，掌心向上。

抛球轨迹：手臂伸直，直上直下。

出球：球送至最高点再离开手指。

高度：不低于拉伸举拍后的球拍，并再往上半个拍头的高度。

重心：身体重心先移向右脚，然后平稳地前移。

重点：球送至最高点再离开手指抛向空中，如图 3-31 所示。

图 3-31　抛球姿势

4. 引拍

站位：左侧腰、胯成弓形。

轨迹：抛球时球拍后摆，向后上方引拍，右肘向后外展，约同肩高。

手部动作：持拍手上举至头部，肘与肩在一条线上，球拍置于球员头部的后上方，拍头朝上，拍面正对球网，非持拍手指向球，如图 3-32 所示。

重点：肘与肩在一条线上。

图 3-32　发球引拍

5. 击球

击球轨迹：由向上、向前、向下三个阶段组成。向上：当球下降至击球点时，迅速向上挥拍击球，手臂和身体充分伸展。向前：球拍向前上方伸展击球，双肩与球网平行。向下：持拍手腕带动小臂做内旋的"鞭打"动作。

击球点：击球点在右前方 1 点位置方向，身体充分向上向前伸展，在身体的最高点击球，击球的部位在球的中下部，如图 3-33 所示。

重心转移：双脚蹬地，转髋转肩，身体重心向上向前转移。

图 3-33　发球击球姿势

6. 随挥动作

随挥轨迹：继续向前向下挥至身体的左侧。

重心转移：重心继续向上向前，左脚跳入场地内，并保持平衡，如图 3-34 所示。

重点：保持身体平衡。

图 3-34　发球随挥动作

(二)发球的分类及训练方法

发球基本分三种：平击发球、切削发球和上旋发球。每一种发球都有自己的特点和用途，好的发球具有相当大的攻击力，并使发出的球在速度、力量、旋转和落点方面发生变化。

1. 平击发球

平击发球在诸多发球中是球速最快的发球法，也叫炮弹式发球。平击发球不但球速快，而且反弹小。如果身材高大，就可以借助高点击球的空中优势直接发起进攻；如果身材较矮小或是女选手，就不宜使用平击发球。

2. 上旋发球

上旋发球以上旋为主，由于球的上旋成分多于切削发球，球产生一个明显的从上向下的弧形飞行轨迹过网，发力越强，旋转成分越多，弧形就越大，命中率也越高；球落地后高反弹到对方的左侧，迫使对方离位接球，给对方造成很大压力，同时为上网带来足够的时间。

3. 发球训练方法

(1) 高抛球练习。

作用：练习鞭打动作，如图 3-35 所示。

图 3-35　高抛球练习

（2）中场分解发球练习。

目的：形成向前向下的挥拍轨迹，如图 3-36 所示。

图 3-36　中场分解发球练习

（3）底线完整动作练习。

目的：加强击球的稳定性，如图 3-37 所示。

图 3-37　底线完整动作练习

（4）对墙练习发球。

目的：加强发球熟练度和精准度。

（5）通过比赛实践练习。

目的：提高发球的稳定性，锻炼队员的心理素质。

（三）易犯错误及纠正方法

1. 击球点过低

纠正方法：身体充分向上向前伸展，在身体的最高点击球。

2. 抛球不到位

纠正方法：球送至最高点再离开手指抛向空中，抛球点在右前方 1 点方向。

3. 拍面不对

纠正方法：拍头朝上，拍面正对球网。

第五节 接 发 球

一、接发球的介绍

网球运动的发球和接发球是相互对抗、相互制约的一对孪生技术。对于网球选手来说，一场比赛大约一半的得分是从接发球开始的。随着发球技术的提高，接发球的重要性愈加引起人们的重视。接发球时需要在瞬间作出判断，不论难度多大，都要争取在第一回合的交锋中在气势上压倒对方，做到"摆脱被动，力争主动，敢于向强有力的发球挑战"。

微课：接发球

二、正手接发球动作要点

（一）握拍法

接发球握拍如图 3-38 所示。

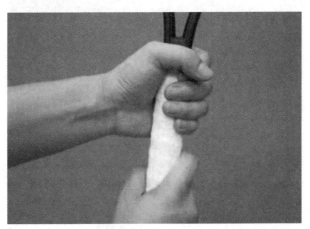

图 3-38 接发球握拍

这里介绍半西方式握拍，以右手持拍为例。

（二）准备姿势

正手接发球准备姿势如图 3-39 所示。

站位：在左右方向应站在发球区域左右落点连线夹角的分角线上，前后方向的站位要根据对手发球方式和力量大小来确定，一般站在底线前后，两脚自然开立，与肩同宽，或稍宽于肩。两膝自然微屈，重心稍放在前脚掌上，目光注视来球方向。

图 3-39　正手接发球准备姿势

持拍：球拍置于肚脐与胸之间，两肘轻触腰侧部。

（三）引拍

正手接发球引拍如图 3-40 所示。

图 3-40　正手接发球引拍

侧身：分腿垫步，转动双脚，转肩转髋带动右手向后引拍。

站位：左脚向前方上步，右脚向右转 90°与底线平行。

重心：两膝弯曲，重心在两脚之间，身体保持平衡。

手部动作：后摆引拍距离要短，幅度大小要根据对方不同的发球来调整，握紧球拍，手腕固定，拍头高于手腕，球拍置于腰部与头部之间，拍柄垂直于网，拍面稍微向下关闭。

重点：后摆引拍距离要短，幅度大小要根据对方不同的发球来调整。

（四）击球

正手接发球击球如图 3-41 所示。

击球站位：两脚前后站立，呈关闭式站位。

图 3-41　正手接发球击球

击球位置：在身体右侧前方1点位置击球，与球接触位置应在拍子中心甜区。双眼注视击球区。

击球拍面：准备触球时，球拍正对着来球。拍头略高于手腕，拍面与地面垂直。

击球轨迹：向前向上挥拍击球，手腕固定。

身体转动：右脚蹬地转腰，转动身体带动挥拍。

重点：拍头略高于手腕，拍面与地面垂直。

（五）随挥动作

正手接发球随挥动作如图3-42所示。

图 3-42　正手接发球随挥动作

随挥轨迹：向前向上挥拍。

重心转变：右脚向前向上蹬地，重心转移到左脚。

拍子摆放：左手扶住拍颈，球拍高于头顶，拍柄垂直于球网。

重点：挥拍轨迹是向前向上随挥。

三、反手接发球动作要点

(一) 握拍法

以右手持拍为例,反手接发球握拍如图 3-43 所示。

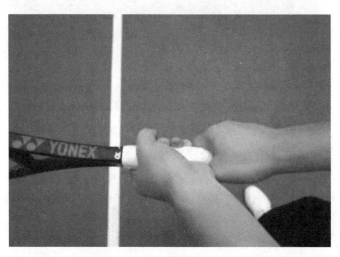

图 3-43　反手接发球握拍

右手用东方式反手握拍法或大陆式握拍法,左手用东方式正握拍法。

(二) 准备姿势

反手接发球准备姿势如图 3-44 所示。

图 3-44　反手接发球准备姿势

站位:两脚自然开立,与肩同宽,或稍宽于肩。两膝自然微屈,重心稍放在前脚掌上。

持拍:球拍置于肚脐与胸之间,两肘轻触腰侧部,目光注视来球方向。

（三）引拍

反手接发球引拍如图 3-45 所示。

图 3-45　反手接发球引拍

侧身：分腿垫步，转动双脚，转肩转髋带动左手向后引拍。

站位：右脚向前方上步，左脚向左转 90°与底线平行。

重心：两膝弯曲，重心在两脚之间，身体保持平衡。

手部动作：侧身时转换握拍，引拍时左手肘部自然弯曲，右手自然放松，后摆引拍距离要短，幅度大小要根据对方不同的发球来调整，拍头高于手腕，球拍置于腰部与头部之间，拍柄垂直于网，拍面垂直于地面。

重点：握拍转换。

（四）击球

反手接发球击球如图 3-46 所示。

图 3-46　反手接发球击球

击球站位：两脚前后站立，呈关闭式站位。

击球位置：在身体左侧前方11点位置击球，与球接触位置应在拍子中心甜区。双眼注视击球区。

击球拍面：准备击球时，拍子低于来球。拍头低于手腕，拍面稍打开。

击球轨迹：左手向前向上推送击球，右手保持球拍平衡，手腕固定。

身体转动：左脚蹬地转腰，转动身体带动挥拍。

重点：左手向前向上推送击球，拍面触球时应垂直于地面。

（五）随挥动作

反手接发球随挥动作如图3-47所示。

图3-47 反手接发球随挥动作

随挥轨迹：向前向上挥拍。

重心转变：左脚向前向上蹬地，重心转移到右脚。

拍子摆放：肘关节与肩同高，球拍高于头顶，拍柄垂直于网。

重点：挥拍轨迹是向前向上随挥，动作连贯。

四、练习方法

（一）底线多球接发练习

底线多球接发练习如图3-48所示。

方法：一方底线下手发球，另一方底线接发球，要求接发球一方接直线或斜线。

目的：加强接发球的能力，巩固接发球的技术动作。

（二）中场发球接发练习

中场发球接发练习如图3-49所示。

方法：一方在发球线用50%的力量发球，另一方接发球。

图 3-48　底线多球接发练习

图 3-49　中场发球接发练习

目的：增加接发球的难度，为实战接发球做准备。

（三）底线接发练习

底线接发练习如图 3-50 所示。

图 3-50　底线接发练习

方法：一方用全力发球，另一方接发球。
目的：提高接发球的实战能力。

（四）接发实战练习

接发实战练习如图 3-51 所示。

图 3-51　接发实战练习

方法：参加比赛。
目的：加强比赛时接发球的实战能力。

（五）接发上网比赛

接发上网比赛如图 3-52 所示。

图 3-52　接发上网比赛

方法：接发后随球上网。
目的：要求向前击球，加强接发随球上网的能力。

第六节　截　击　球

一、截击球的介绍

截击球是球还没落地并在空中飞行时（除高压球外），凌空击打球，称为截击。由于网前截击球距离短，球速快，因此截击球是一项以进攻为主的技术。掌握好网前截击技术，对单打时的发球上网、随击球上网和双打中的上网都有很大的帮助。

二、正手截击球基本技术

（一）正手截击球技术要领

1. 握拍法

这里介绍大陆式握拍法。以右手持拍为例。

微课：正手截击

2. 准备姿势

站位：两脚自然开立，与肩同宽，或稍宽于肩。两膝自然微屈，重心稍放在前脚掌上，球员距球网 2～3 米，目光注视来球方向，如图 3-53 所示。

图 3-53　正手截击准备姿势站位

持拍：球拍置于肚脐与胸之间，两肘轻触腰侧部，手腕略竖起，拍头高于手腕，如图 3-54 所示。

3. 侧身引拍

侧身：分腿垫步，转动双脚，转肩转髋带动右手向前引拍。

站位：双脚平行开立，与肩同宽。

重心：重心从中间向右前方转移，身体保持平衡。

图 3-54　正手截击准备姿势持拍

手部动作：右手肘部弯曲在 120°～150°，拍头高于手腕，球拍置于身体右前方，拍面稍打开。

重点：引拍幅度小，如图 3-55 所示。

图 3-55　正手截击侧身引拍

4.击球

击球站位：击球的同时跨左脚，呈关闭式站位。

击球位置：球过网的最高点时击球，在身体右侧前方一点的位置击球，与球接触位置应在拍子中心甜区。

击球拍面：准备击球时，球拍高于来球。根据来球的高度调整拍面角度。

击球轨迹：拍头向前向下击球，手腕固定。

身体转动：身体主动向前，跨左脚。

重点：高点击球，控制击球的拍面，如图 3-56 所示。

图 3-56 正手截击击球

5. 随挥

正手截击随挥如图 3-57 所示。

随挥轨迹：向前向下挥拍。

重心转变：重心转移到左脚。

拍子摆放：球拍停在人的中轴线处，拍头高于手腕，以左手保持身体平衡。

重点：动作要简洁。

图 3-57 正手截击随挥

（二）正手截击球训练方法

1. 正手截击徒手练习

作用：体会击球的感觉，如图 3-58 所示。

2. 隔网抛球截击练习

作用：找准击球点，如图 3-59 所示。

图 3-58　正手截击徒手练习

图 3-59　隔网抛球截击练习

3. 中场持拍喂球

作用：巩固击球动作。

4. 同伴隔网对拦练习

作用：提高对球的控制能力。

5. 一低一网对打练习

作用：加强实战能力。

（三）易犯错误及纠正方法

1. 引拍过大

纠正方法：向前引拍，球拍摆放在身体的右前方。

2. 击球点靠后

纠正方法：过网的最高点击球，从身体的右前方击球。

3. 手腕松动

纠正方法：左手抓住右手腕击球。

三、反手截击球基本技术

（一）反手截击球技术要领

微课：反手截击

1. 握拍法

这里介绍大陆式握拍法，以右手持拍为例。

2. 网前截击准备姿势

站位：两脚自然开立，与肩同宽，或稍宽于肩。两膝自然微屈，重心稍放在前脚掌上，球员距球网2~3米，目光注视来球方向。

持拍：球拍置于肚脐与胸之间，两肘轻触腰侧部，手腕略竖起，拍头高于手腕，如图3-60所示。

图3-60　反手截击准备姿势

3. 侧身引拍

侧身：分腿垫步，转动双脚，转肩转髋带动右手向左前方引拍，如图3-61所示。

图3-61　反手截击侧身

站位：双脚平行开立，与肩同宽。
重心：重心从中间向左前方转移，身体保持平衡。
手部动作：右手肘部弯曲120°～150°，拍头高于手腕，球拍置于身体左前方，拍面稍打开，如图3-62所示。
重点：引拍幅度小。

图3-62　反手截击手部动作

4. 击球

击球站位：击球的同时跨右脚，呈关闭式站位。
击球位置：球过网的最高点时击球，在身体左侧前方11点位置击球，与球接触位置应在拍子中心甜区，如图3-63所示。

图3-63　反手截击击球位置

击球拍面：准备击球时，球拍要高于来球。根据来球的高度调整拍面角度。
击球轨迹：拍头向前向下击球，手腕固定，如图3-64所示。
身体转动：身体主动向前，跨右脚。
重点：高点击球，控制击球的拍面。

5. 随挥

随挥轨迹：向前向下挥拍。
重心转变：重心转移到右脚。

图 3-64　反手截击击球轨迹

拍子摆放：球拍停在人的中轴线处，拍头高于手腕，以左手保持身体平衡，如图 3-65 所示。
重点：动作要简洁。

图 3-65　反手截击随挥

（二）反手截击球训练方法

1. 反手截击徒手接球练习

反手截击徒手接球练习如图 3-66 所示。
目的：体会击球的感觉。

图 3-66　反手截击徒手接球练习

2. 隔网抛球截击练习

隔网抛球截击练习如图 3-67 所示。

目的：找准击球点。

图 3-67　隔网抛球截击练习

3. 中场持拍喂球

目的：巩固击球动作。

4. 同伴隔网对拦练习

同伴隔网对拦练习如图 3-68 所示。

目的：提高对球的控制能力。

图 3-68　同伴隔网对拦练习

5. 一底一网对打练习

目的：加强实战能力。

（三）易犯错误及纠正方法

1. 引拍过大

纠正方法：向前引拍，球拍摆放在身体的左前方。

2. 击球点靠后

纠正方法：过网的最高点击球，自身体左前方击球。

3. 手腕松动

纠正方法：手腕固定不动击球。

第七节　高压球技术

一、高压球的介绍

所谓高压球，是指在头上用扣压的动作完成的一种击球方法。无论是单打还是双打，当你飞奔到前场近网时，对方常用挑高球调动你跑动使你无法靠近网进行有力的截击，因此你必须学会高压球。高压球与截击球密切相关，为了加强网前的攻击力，截击球技术与高压球技术要同步提高，否则将失去网前得分的机会。

微课：高压球

高压动作与发球动作十分相似，击球的某些特点却完全不同。打高压球时，球员无法控制来球的线路，因而必须移动寻找打高压球的最佳位置。因此，时机是关键。打高压球时要用1/2的发球动作，手臂伸直进入准备姿势，用一个小幅度的引拍动作，而不是用齐下齐上的动作。

二、高压球技术要领

（一）握拍法

这里介绍大陆式握拍法。以右手持拍为例，手指放松，握拍不宜太紧，如图3-69所示。

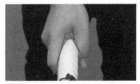

图3-69　高压球握拍

（二）准备姿势

站位：两脚自然开立，与肩同宽，重心放在前脚掌上，膝盖微曲，眼睛平视来球方向。

持拍：球拍置于肚脐与胸之间，两肘轻触腰侧部，如图 3-70 所示。

图 3-70　高压球准备姿势

（三）引拍

站位：侧身转体，两脚前后站立，膝盖弯曲，重心在两脚前脚掌上，躯干直立，如图 3-71 所示。

图 3-71　高压球引拍站位

手部动作：持拍手上举至头部位，肘与肩在一条线上，球拍于球员头部的后上方，拍头朝上，拍面正对球网，非持拍手指向球。如图 3-72 所示。

重点：肘与肩在一条线上。

（四）击球

击球轨迹：由向上、向前、向下三个阶段组成，如图 3-73 所示。

图 3-72 高压球引拍手部动作

图 3-73 高压球击球轨迹

击球点：击球点在右前方 1 点位置方向，身体充分向上向前伸展，在身体的最高点击球，击球的部位在球的中下部，如图 3-74 所示。

图 3-74 高压球击球点

重心转移：双脚蹬地，转髋转肩，身体重心向上向前转移，如图 3-75 所示。

重点：在身体的最高点击球。

（五）随挥动作

随挥轨迹：继续向前向下挥至身体的左侧。

重心转移：重心继续向上向前，左脚跳入场地内，并保持平衡。

重点：身体保持平衡。

图 3-75　高压球击球重心

三、高压球练习方法

（一）挥拍练习

目的：加强动作的连贯性。

（二）移动接球练习

目的：体会人球之间的位置。

（三）击打手抛高压球

目的：体会击球点的位置。

（四）对墙高压球

目的：加强击球的连续性。

（五）后退高压球

目的：加强后场高压的能力。

（六）全场高压球

目的：加强全场高压的控制能力。

四、易犯错误及纠正方法

（一）击球点靠后

纠正方法：在右前方 1 点位置方向，身体充分向上向前伸展击球。

（二）重心不稳

纠正方法：积极调整人与球的位置，保证重心在两脚之间。

（三）击球拍面错误

纠正方法：击球时拍面平行于球网。

第八节 挑 高 球

一、挑高球的介绍

挑高球就是把球向高空挑起，在比赛中对手上网时、自己又无机会使球通过的情况下而使用的技术，以迫使对手退回后场。挑高球对水平较高的对手也是一种可怕的武器，它可以破坏对方的进攻节奏，改变对方回击球的速度。

二、正手挑高球

（一）正手挑高球技术要领

1. 握拍法

采用半西方握拍法，以右手持拍为例，如图3-76所示。

微课：正手
挑高球

图3-76 正手挑高球握拍

2. 准备姿势

站位：两脚自然开立，与肩同宽，或稍宽于肩。两膝自然微屈，重心稍放在前脚掌上，目光注视来球方向。

持拍：球拍置于肚脐与胸之间，两肘轻触腰侧部，如图3-77所示。

图 3-77　正手挑高球准备姿势

3. 引拍

侧身：分腿垫步，转动双脚，转肩转髋带动右手向后引拍。

站位：左脚向前方上步，右脚向右转 90°与底线平行。

重心：两膝弯曲，重心在两脚之间，身体保持平衡。

手部动作：左手伸向击球点位置，引拍时右手肘部弯曲 120°~150°，拍头高于手腕，球拍置于腰部与头部之间，拍柄垂直于网，拍面稍微向下关闭。如图 3-78 所示。

重点：引拍时肘部弯曲 120°~150°，拍头高于手腕。

图 3-78　正手挑高球引拍

4. 击球

击球站位：两脚前后站立，呈关闭式站位。

击球位置：在身体右侧前方 1 点位置击球，与球接触位置应在拍子中心甜区。双眼注视击球区。

击球拍面：准备触球时，拍子低于来球。拍头低于手腕，拍面稍打开。

击球轨迹：向前向上挥拍击球，手腕固定。

身体转动：右脚蹬地转腰，转动身体带动挥拍。

重点：拍头低于手腕，拍面稍打开，如图 3-79 所示。

图 3-79　正手挑高球击球

5. 随挥动作

随挥轨迹：向前向上挥拍。

重心转变：右脚向前向上蹬地，重心转移到左脚，如图 3-80 所示。

拍子摆放：左手扶住拍颈，球拍高于头顶，拍柄垂直于球网。

重点：挥拍轨迹是向前向上随挥。

图 3-80　正手挑高球随挥动作

（二）正手挑高球训练方法

1. 隔网多球练习

目的：加强击球的稳定性。

2. 底线挑高球练习

目的：提高实战能力。

（三）易犯错误及纠正方法

1. 击球点位置不对

纠正方法：击球点在球的中下部。

2. 重心起来太快

纠正方法：击球时膝关节微曲。

三、反手挑高球

（一）反手挑高球技术要领

1. 握拍法

微课：反手挑高球

以右手持拍为例。右手用东方式反手握拍法或大陆式握拍法，左手用东方式正握拍法，如图 3-81 所示。

图 3-81 反手挑高球握拍

2. 准备姿势

站位：两脚自然开立，与肩同宽，或稍宽于肩。两膝自然微屈，重心稍放在前脚掌上。

持拍：球拍置于肚脐与胸的高度之间，两肘轻触腰侧部，目光注视来球方向，如图 3-82 所示。

3. 引拍

侧身：分腿垫步，转动双脚，转肩转髋带动左手向后引拍。

站位：右脚向前方上步，左脚向左转 90°与底线平行。

重心：两膝弯曲，重心在两脚之间，身体保持平衡。

手部动作：侧身时同时转换握拍，引拍时左手肘部自然弯曲，右手自然放松，拍头高于手腕，球拍置于腰部与头部之间，拍柄垂直于网，拍面垂直于地面，如图 3-83 所示。

图 3-82　反手挑高球准备姿势

重点：握拍转换。

图 3-83　反手挑高球引拍

4. 击球

击球站位：两脚前后站立，呈关闭式站位。

击球位置：在身体左侧前方 11 点位置击球，与球接触位置应在拍子中心甜区。双眼注视击球区。

击球拍面：准备击球时，拍子低于来球。拍头低于手腕，拍面稍打开。

击球轨迹：左手向前向上推送击球，右手保持球拍平衡，手腕固定。

身体转动：左脚蹬地转腰，转动身体带动挥拍。

重点：左手向前向上推送击球，拍面触球时应垂直于地面，如图 3-84 所示。

5. 随挥动作

随挥轨迹：向前向上挥拍。

重心转变：左脚向前向上蹬地，重心转移到右脚。

拍子摆放：肘关节与肩同高，球拍高于头顶，拍柄垂直于网。

重点：挥拍轨迹是向前向上随挥，动作连贯，如图 3-85 所示。

图 3-84　反手挑高球击球

图 3-85　反手挑高球随挥

(二)反手挑高球训练方法

1. 隔网多球练习

目的：加强击球的稳定性。

2. 底线挑高球练习

目的：提高实战能力。

(三)易犯错误及纠正方法

1. 击球点位置不对

纠正方法：击球点在球的中下部。

2. 重心起来太快

纠正方法：击球时膝关节微曲。

第九节 切削球

一、切削球的介绍

切削球在网球比赛中使用的频率非常高,运动员经常使用切削球来化解危机。因为切削球既可以用于直接进攻,也可以用于被动过渡,还可以为下一次的进攻做准备。

二、正手切削球

(一)正手切削球动作要领

1. 握拍法

微课:正手切削球

采用大陆式握拍法。以右手持拍为例,手指放松,握拍不宜太紧,如图 3-86 所示。

图 3-86　正手切削球握拍

2. 准备姿势

站位:两脚自然开立,与肩同宽,或稍宽于肩。两膝自然微屈,重心稍放在前脚掌上,目光注视来球方向。

持拍:球拍置于肚脐与胸之间,两肘轻触腰侧部,如图 3-87 所示。

图 3-87　正手切削球准备姿势

3. 引拍

侧身：分腿垫步，转动双脚，转肩转髋带动右手向后引拍。

站位：左脚向前方上步，右脚向右转 90°与底线平行。

重心：两膝弯曲，重心在两脚之间，身体保持平衡。

手部动作：左手伸向击球点位置，引拍时右手自然弯曲，拍头高于手腕，球拍高于来球，拍面稍微打开，如图 3-88 所示。

重点：拍头高于手腕，球拍高于来球。

图 3-88　正手切削球引拍

4. 击球

击球站位：两脚前后站立，呈关闭式站位。

击球位置：在身体右侧前方 1 点位置击球，与球接触位置应在拍子中心甜区，双眼注视击球区，如图 3-89 所示。

击球拍面：准备击球时，拍头高于来球。根据来球的高度调节拍面的角度。

击球轨迹：向前向下挥拍击球，手腕固定。

身体转动：右脚蹬地转腰，转动身体带动挥拍。

重点：拍头高于来球。根据来球的高度调节拍面的角度。

图 3-89　正手切削球击球

5. 随挥动作

随挥轨迹：向前向下挥拍。

重心转变：右脚向前蹬地，重心转移到左脚。

拍子摆放：拍面与地面保持平行，结束于身体的左前方。

重点：挥拍轨迹是向前向下随挥，如图 3-90 所示。

图 3-90　正手切削球随挥动作

（二）正手切削球练习方法

1. 挥拍练习

目的：加强挥拍的连贯性和稳定性。

2. 多球练习

目的：熟练掌握切削击球，以及对球的控制。

3. 对打练习

目的：加强实战能力。

（三）易犯错误及纠正方法

1. 击球点靠后

纠正方法：在身体右侧前方一点钟位置击球。

2. 重心起来太快

纠正方法：击球时膝关节微曲。

三、反手切削球

(一) 反手切削球动作要领

1. 握拍法

采用大陆式握拍法。以右手持拍为例,手指放松,握拍不宜太紧,如图 3-91 所示。

微课:反手切削球

图 3-91 反手切削球握拍

2. 准备姿势

站位:两脚自然开立,与肩同宽,或稍宽于肩。两膝自然微屈,重心稍放在前脚掌上,目光注视来球方向,如图 3-92 所示。

持拍:球拍置于肚脐与胸之间,两肘轻触腰侧部。

图 3-92 反手切削球准备姿势

3. 引拍

侧身:分腿垫步,转动双脚,转肩转髋带动右手向左后方引拍。

站位:右脚向前方上步,左脚向左转 90°与底线平行。

重心:两膝弯曲,重心在两脚之间,身体保持平衡。

手部动作:引拍时右手自然弯曲,左手扶住拍颈,拍头高于手腕,球拍高于来球,拍面稍微打开,如图3-93所示。

重点:拍头高于手腕,球拍高于来球。

图3-93 反手切削球引拍

4. 击球

击球站位:两脚前后站立,呈关闭式站位。

击球位置:在身体左侧前方11点位置击球,与球接触位置应在拍子中心甜区。双眼注视击球区。

击球拍面:准备击球时,拍头高于来球。根据来球的高度调节拍面的角度。

击球轨迹:右手向前推送击球,左手自然打开,保持身体平衡,手腕固定,如图3-94所示。

身体转动:左脚蹬地转腰,转动身体带动挥拍。

重点:拍头高于来球。根据来球的高度调节拍面的角度。

图3-94 反手切削球击球

5. 随挥动作

随挥轨迹:向前向下挥拍。

重心转变:左脚向前蹬地,重心转移到右脚。

拍子摆放:拍面与地面保持平行,结束于身体的右前方,左手向后完全打开。

重点:挥拍轨迹是向前向下随挥,如图3-95所示。

图 3-95　反手切削球随挥动作

（二）反手切削球练习方法

1. 挥拍练习

目的：加强挥拍的连贯性和稳定性。

2. 多球练习

目的：熟练掌握切削击球，以及对球的控制。

3. 对打练习

目的：加强实战能力。

（三）易犯错误及纠正方法

1. 击球点靠后

纠正方法：在身体右侧前方一点位置击球。

2. 重心起来太快

纠正方法：击球时膝关节微曲。

第十节　反手放小球

一、反手放小球动作要领

（一）握拍法

采用大陆式握拍法。以右手持拍为例，手指放松，握拍不宜太紧，如

微课：反手
放小球

图 3-96 所示。

图 3-96　反手放小球握拍

(二) 准备姿势

站位：两脚自然开立，与肩同宽，或稍宽于肩。两膝自然微屈，重心稍放在前脚掌上，目光注视来球方向，如图 3-97 所示。

持拍：球拍置于肚脐与胸之间，两肘轻触腰侧部。

图 3-97　反手放小球准备姿势

(三) 引拍

侧身：分腿垫步，转动双脚，转肩转髋带动左手向后引拍。

站位：右脚向前方上步，左脚向左转 90°与底线平行。

重心：两膝弯曲，重心在两脚之间，身体保持平衡。

手部动作：侧身时转换握拍，引拍时左手肘部自然弯曲，右手自然放松，拍头高于手腕，球拍置于腰部与头部之间，拍柄垂直于网，拍面垂直于地面，如图 3-98 所示。

图 3-98　反手放小球引拍

（四）击球

击球站位：两脚前后站立，呈关闭式站位。

击球位置：在身体左侧前方11点位置击球，与球接触位置应在拍子中心甜区。双眼注视击球区。

击球拍面：准备触球时，由反手握拍动作快速松开非持拍手，拍子高于来球。根据来球的高度调节拍面的角度。

击球轨迹：向前向下挥拍击球，手腕放松，如图3-99所示。

身体转动：左脚蹬地转腰，转动身体带动挥拍。

重点：拍头高于来球。根据来球的高度调节拍面的角度。

图3-99　反手放小球击球

（五）随挥动作

随挥轨迹：向前向下挥拍。

重心转变：左脚向前蹬地，重心转移到右脚。

拍子摆放：拍面与地面保持平行，结束于身体的前方，左手向后自然打开，如图3-100所示。

重点：挥拍轨迹是向前向下随挥。

图3-100　反手放小球随挥动作

二、反手放小球练习方法

(一) 中场自抛反弹放小球练习

目的：体会放小球的动作。

(二) 底线自抛反弹放小球练习

目的：加强放小球的力度控制。

(三) 凌空放小球练

目的：找准放小球的击球点。

三、易犯错误及纠正方法

(一) 开拍太早，隐蔽性差

纠错方法：先正手引拍，然后快速转变为大陆式握拍放小球。

(二) 拍面平行击球

纠错方法：据来球的高度调节拍面的角度。

(三) 脚步不到位

纠错方法：积极调整人与球的距离。

第四章 网球运动基本战术

第一节 单打基本战术

一、网球不同打法的特点和分类

在网球运动中,选手们多根据自己的技术、体质、战术和心理特点采用某种打法。初学网球时对其他运动员的刻意模仿,也会影响自己的打法选择。一般情况下,国内将网球的打法分为上网型、全能型和底线型三种。

微课:单打
基本战术

(一)上网型打法

上网型打法的特点是以发球或随球上网为自己创造上网的机会,再通过网前截击、高压限制对方的底线抽击,从而直接得分或造成短兵相接的中前场搏杀。发球上网是上网型选手在发球局中的主要战术。其中有一种上网型选手的发球带有强烈的旋转,甚至不惜以牺牲球速为代价。上旋发球能高高跳过接发者的肩膀,迫使对手在难以发力的高度击球,然后快速上网,用出色的网前技巧来拿下这一分。还有一种上网型选手的发球十分强大,往往能直接得分,至少能以球速破坏对手的接发球质量,然后上网轻松得分。

(二)全能型打法

全能型打法的特点是既能发球上网、随球上网,在网前和中场进行短兵相接的搏杀,又能通过底线抽杀控制局面,战术手段多样,并能根据对手的情况有针对性地实施战术。在实际比赛中,全能型打法大多有两种倾向,一种是倾向于网前和中场,另一种是倾向于底线。两种倾向都具备的选手,才能在现代网坛取得好成绩。

(三)底线型打法

如今所有的底线型选手,包括那些红土选手,都是攻守兼备,不然就无法立足于现代网坛。这种打法的特点是以底线抽球的节奏、旋转、球速、落点变化来争取主动、摆脱被动。当对手在底线时,则到处调动他,寻找制胜的机会;当对手在中前场时,则用破网和挑高球来化解。当今网坛 75% 的选手都是底线型打法,能攻善守是这种打法的突出优势。

二、网球单打战术的训练方法

（一）发球上网训练方法

1. 发球上网组合多球练习

发球上网组合多球练习如图 4-1 所示。

图 4-1　发球上网组合多球练习

学生从底线发球后上网，教练员则在对面喂组合多球，顺序依次为中场截击球、正手高位截击球、反手高位截击、高压球。

要求：把球控制击打到标志桶附近。

2. 发球对拉实战练习

发球对拉实战练习如图 4-2 所示。

图 4-2　发球对拉实战练习

一个学生从一区底线发球上网，另两个同伴在对面底线接球，并把球控制在一区半场区域，进行发球上网多拍截击练习。

要求：发球上网的学生注意把球落点分开，一个直线、一个斜线，单打线内深区为有效区域。

3. 实战比赛

实战比赛如图 4-3 所示。

图 4-3　实战比赛

学生从发球后随即上网,以赛代练,通过比赛提高技术。

(二) 全能型训练方法

1. 组合多球练习

组合多球练习如图 4-4 所示。

图 4-4　组合多球练习

学生从底线中点开始准备,进行 7 个球的组合多球练习,顺序依次为正手底线球、反手底线球、正手中场球、反手中场球、正手截击球、反手截击球、高压球。

要求：标志桶附近为有效区域，注意控制球落点的深度。

2. 对拉球练习

对拉球练习如图 4-5 所示。

图 4-5　对拉球练习

学生从底线开始进行对拉球练习，击球线路控制为 2 个斜线、1 个直线，如遇到浅球，击到球后迅速上网。

要求：根据球的落点深度，随机应变，寻找机会上网得分。

3. 实战比赛

实战比赛如图 4-6 所示。

图 4-6　实战比赛

以赛代练，通过比赛提高技术。

（三）底线型训练方法

1. 组合多球练习

组合多球练习如图 4-7 所示。

学生在底线中点后面做准备，在底线中点上放一个标志桶，进行 8 个球一组的正手反手交替多球练习。

图 4-7 组合多球练习

要求：每次击球后需要回到标志桶后面做准备，标志桶附近为有效落点区域。

2. 对拉球练习

对拉球练习如图 4-8 所示。

图 4-8 对拉球练习

学生从底线开始做准备，和同伴进行对拉球练习，击球线路控制为 2 个斜线、1 个直线，30 回合为一组。

要求：注意控制击球落点的深度，标志桶附近为有效落点区域。

3. 实战比赛

实战比赛如图 4-9 所示。

以赛代练，通过比赛提高技术。

图 4-9　实战比赛

三、应对各种打法的基本对策

（一）应对上网型选手的策略

（1）面对上网的选手，可以选择多打追身球。

（2）如果觉得直接打穿越球有困难，可以用一个过网下坠球送到中路，接着打穿越球或进攻型的挑高球。

（3）接发球时尽可能打对方的脚下。

（二）应对底线型选手的策略

（1）结合使用发球上网截击和稳守后场的打法，以达到出奇制胜的效果。

（2）力求将球打深，以寻找出浅球，从而得分制胜。

（3）要有耐心，但出现机会时要敢于进攻。

（三）应对全面型选手的策略

（1）提前击球，不给对手充裕的准备时间。加大击球角度，以提高球速，力求创造机会，从而得分制胜。

（2）稳定情绪，寻找合适的进攻机会，集中精力将球击回，要稳，要有耐心。

（3）用削球控制球速，改变节奏，从而创造得分机会。

第二节　双打基本战术

双打是两人配合的比赛项目。从实际情况出发，针对对方的情况制定相应的双打战术方案是必要的，但在比赛过程中预定战术的实施要靠两人的密切协作、默契配合。由于双打战术的机动性和变化性比单打复杂得多，因此无论是高水平的双上网对攻还是中低水平的攻防，做到默

微课：双打基本战术

契配合都是很不容易的,而这一点正是成功实施双打战术的关键。双打的默契配合是建立在两人相互了解和信任的基础上,在长期配合中磨炼出来的。好的双打配对应紧密合作、互创条件、扬长避短、相辅相成,在场上有呼有应、相互鼓励,即使比赛失利,两人的合作也是愉快、融洽的。

一、双打的发球局战术

(一)双打发球上网战术

双打发球上网战术如图 4-10 所示。

图 4-10　双打发球上网战术

双打时要用 80% 的力量发出平击、侧旋及上旋球,提高一发球命中率,不断变换发球落点,然后快速上网。第二发球也要利用旋转和落点的变化为上网创造条件。

(二)双打发球上网抢网战术

双打发球上网抢网战术如图 4-11 所示。

图 4-11　双打发球上网抢网战术

网前的伙伴可以在背后做手势,告诉发球员应发什么落点,抢与不抢。采取此战术可以干扰对方接发球,为发球上网网前得分和抢网得分创造条件。

(三)双打澳大利亚网前战术

双打澳大利亚网前战术如图4-12所示。

图4-12 双打澳大利亚网前战术

澳大利亚网前战术能起到破坏对方接发球的节奏、为发球上网后网前截击得分和抢网得分创造有利的条件。运用这一战术时,要求同伴给发球员手势,告诉发球的落点,抢与不抢。

二、双打接发球局战术

(一)双打接发球双上网战术

双打接发球双上网战术如图4-13所示。

图4-13 双打接发球双上网战术

为了抢占网前有利位置,当发球方发球时,接发球员要判断准确,向前到底线里面去接球。然后随接发球上网。由于是向前迎击球,回接球的速度比较快,能给对方发球上网截击或抢网造成威胁。这种战术对接发球员的要求比较高,要求接发球员判断好,移动动作小,并向前、向下顶压击球,朝发球上网者脚底或斜线双打边线内击球。

(二)双打接发球网前抢网战术

双打接发球网前抢网战术如图 4-14 所示。

图 4-14 双打接发球网前抢网战术

在高水平的双打比赛中,接发球抢网战术经常被使用。此战术的运用能增加对方发球上网者中场截击球的心理负担而产生回球失误或回球质量不高。在运用此战术时,接发球员与同伴要密切配合,当接发球员接了一个球时,应立即移动抢网,给对方致命一击。而另一接发球员发现同伴抢网,也应立即补位,防止对方截击直线球。注意:接发球同伴不要移动过早,以免被对方发现而击出直线球。

(三)双打接发球双底线战术

双打接发球双底线战术如图 4-15 所示。

图 4-15 双打接发球双底线战术

在双打比赛中,如对方发球很有威胁,网前又非常活跃,为了破坏对方快速进攻的节奏,可采用接发球双底线战术。由于两人都退至底线,对方在网前截击时会产生一定的心理压力,不能马上得分。因此,对接发球员来说,首先应注意接发球的成功率,然后寻找机会进行反击,破网要打得凶狠,以破中路和两边小斜角为主,并结合挑上旋高球。

三、双打战术训练方法

（一）单打变双打练习

单打变双打练习如图 4-16 所示。

图 4-16　单打变双打练习

方法：四人一组，两人一组对打直线，若有一人出现失误，马上由单打变双打比赛。
目的：培养学生时刻准备击球的意识和比赛意识。

（二）双上网对抗练习

双上网对抗练习如图 4-17 所示。

图 4-17　双上网对抗练习

方法：两名学生打底线，老师喂一个特定的球给底线，另两名队员随教练的球上网。
目的：培养学生的上网意识。

（三）练习比赛

练习比赛如图 4-18 所示。

图 4-18　练习比赛

方法：第一分学生开始发球，进入比赛，当某一方失误后，老师补球，继续下一分。重复比赛，三分二胜为得一分。

目的：培养学生持续准备击球的意识，加强比赛得分能力。

第五章　网球运动进阶技术

第一节　正手击球进阶技术

一、正手击球的类型

正手击球一般分为正手上旋球和正手平击球两大类。

（一）正手上旋球

1. 特点

球飞行弧线高,下降快,落地后反弹高而远,前冲力较大。正手上旋球具有较强的攻击性,而且很少失误。

2. 动作要点

正手上旋球技术同正手击球的4个技术环节相似。

准备姿势：面对球网,两脚自然开立,重心移至前脚掌上,左手扶住拍颈,注意对方来球,如图 5-1 所示。

图 5-1　正手上旋球准备姿势

引拍：当来球时,迅速向后引拍,向来球方向迈出前脚,侧对球网,屈膝降低重心,如图 5-2 所示。

图 5-2　正手上旋球引拍

击球：向前挥拍时，重心移向前脚，在前脚右侧前方击球，拍面稍关闭，球拍从下向上、向前擦击球的后上部，如图 5-3 所示。

图 5-3　正手上旋球击球

随挥：击球后要有完整的随挥动作，重心落在前脚上，球拍挥到左侧，如图 5-4 所示。

图 5-4　正手上旋球随挥

(二)正手平击球

1. 特点

球飞行速度快,落地后前冲力大,飞行路线较平。击球过程中球拍几乎是水平运动,但球的准确性和控制力较差。

2. 动作要点

正拍平击球时,眼睛注视着来球,迅速转体直线向后引拍,拍头对着身后挡网,左脚向右前方迈出,约与端线成45°,右脚约与端线保持平行,如图5-5所示。

图5-5　正手平击球侧身引拍

向前挥拍击球时,击球点在左脚右侧前方与腰齐高的位置;球拍触球时手腕要绷紧,拍面与地面基本垂直,如图5-6所示。

图5-6　正手平击球挥拍击球

击球后要有随挥动作,将球拍挥至左肩前方,肘关节向前,重心移至前脚。完成随挥动作后,身体转向球网。

二、正手击球的线路

在比赛中,正手的线路组合以正手直线和正手斜线为主。下面学习正手直线击球和正手斜线击球。

(一)正手直线击球

正手直线击球是网球场上频繁使用的一项技术,需要重点学习和大量练习。正手直线击球具有很高的风险,原因有三点:一是球员要改变来球的角度;二是在同一击球位置,直线球比斜线球的距离要短;三是距离网柱越近,球网越高。一个拥有良好正手直线技术的球员能够在被动情况下扭转局势,创造机会,并当机会出现时稳定地拿下制胜分。

1. 正手直线击球的作用

(1)直线击球的打法更具主动性和进攻性。

(2)直线球比斜线球更容易得分(通常来说,难易程度与获胜率成正比。在不失误的前提下,你打出去的球难度越大,赢下这一分的概率就越高)。

微课:正手直线击球

(3)留给对方的准备时间短(在打出高质量斜线球后,即指你打出一记角度很大的斜线球,如果对手已经被你拉出场,他匆忙回过来的球质量肯定不高,你可以从容地打出一记直线球,以缩短对方的准备时间。如果你已经随球上网,直线仍然是你首选的线路,留给对方的准备时间将更短)。

2. 正手直线击球的动作要点

(1)正手直线击球的击球点比斜线击球的击球点要略微靠后。

(2)击打深区的来球时,更多采用开放式站位击球;击打浅球时,更多采用关闭式站位击球。

(3)击球过程中,身体更多往球的方向转动。

3. 正手直线击球训练方法

(1)底线移动多球训练。教练在底线处抛出让学生前后左右移动的球,模拟比赛时对方打出的深浅球,学生在底线中点处进行准备,完成前后左右 4 个点的移动击球,控制落点为直线方向的标志桶区域。教练员可以抛出不同深度、高度的球,让学生击打不一样的来球。学生每次击球后,用球拍轻触底线左边标志桶,然后迅速回位到中点做准备,如图 5-7 所示。

(2)中场移动多球训练。教练在隔网对面向学生的正手位置喂球,学生在底线中点处进行准备,完成前后左右 4 个不同落点的移动击球,控制落点为直线方向的标志桶区域。教练员可以抛出不同深度、高度的球,让学生击打不一样的来球。学生每次击球后,用球拍轻触底线左边标志桶,然后迅速回位到中点做准备,如图 5-8 所示。

图 5-7 底线移动多球训练

图 5-8 中场移动多球训练

（3）半场底线直线对拉球训练。在双方球场的发球线和底线中间深区位置，放置两个圆锥形标志物，学生与练球搭档在正手位直线对拉，30回合为一组，需要完成2组。对拉球过程中，全程只能用正手击球，如球在反手位，需要侧身用正手直线击球，单打线内为有效区域，如图5-9所示。

图 5-9 半场底线直线对拉球训练

(4)实战对抗训练。将学生分成2组,一组2人进行实战对抗训练,比赛时间为5分钟轮换,5分钟后比分领先的同学向上方轮换,比分落后的同学向下轮换。比赛过程中,只能用正手直线击球,如球在反手位,需要侧身用正手直线击球,单打线内为有效区域。

(二)正手斜线击球

相比直线球,正手斜线球更容易击打,因为人的转体、手臂的自然挥动都是朝这个方向去的。要打出既有力又能控制的斜线球,还需加速拍面对网球的摩擦,以减少因拍面斜迎来球,来球入射角变小而造成的另向弹射。

1. 斜线击球的作用

(1)斜线击球更容易、更安全(原因不言而喻:在矩形网球场内,对角线要长于边线,这就意味着可供网球以斜线方式飞行的距离比直线要长,因而球就不容易出界。此外,斜线的过网位置在球网中央,而这个位置的球网高度是最低的,因而球被打下网的概率就比较小)。

微课:正手
斜线击球

(2)接发球员有更充分的时间进行预判和准备(如果你处于接发球的角色,斜线球也比直线球要容易接,原因也是一样的——斜线球飞行时间较长,留给双方的准备时间较为充分)。

(3)打斜线更有利于回位,为下一次击球做充分的准备(当你被拉出场,最好的回击是让球从球网中间位置过网。那是球网最低的地方——比边线上方的球网低6英寸。这样有助于你把球打过网,降低下网的可能,并且打出的斜线是场上最长的线路,也很难击球出界)。

2. 正手斜线击球的动作要点

(1)正手斜线击球的击球点比直线击球的击球点要靠前,需要更加主动地去击打来球。

(2)击打深区的来球时,更多采用开方式站位击球;击打浅球时,更多采用关闭式站位击球。

(3)击球过程中,身体更多往球的方向转动。

3. 正手斜线击球训练方法

(1)底线移动多球训练。教练在底线处抛出让学生前后左右移动的球,模拟比赛时对方打出的深浅球,学生在底线中点处进行准备,完成前后左右4个点的移动击球,控制落点为斜线方向的标志桶区域。教练员可以抛出不同深度、高度的球,让学生击打不一样的来球。学生每次击球后,用球拍轻触底线左边标志桶,然后迅速回位到中点做准备,如图5-10所示。

(2)中场移动多球训练。教练在隔网对面向学生正手位置喂球,学生在底线中点处进行准备,完成前后左右4个不同落点的移动击球,控制落点为斜线方向的标准桶区域。教练员可以抛出不同深度、高度的球,让学生击打不一样的来球。学生每次击球后,用球

图 5-10 底线移动多球训练

拍轻触底线左边标志桶,然后迅速回位到中点做准备,如图 5-11 所示。

图 5-11 中场移动多球训练

(3)半场底线斜线对拉球训练。在双方球场的发球线和底线中间深区位置,放置两个圆锥形标志物,学生与练球搭档在正手位斜线对拉,30 回合为一组,需要完成 2 组。对拉球过程中,全程只能用正手击球,如球在反手位,需要侧身用正手斜线击球,单打线内为有效区域,如图 5-12 所示。

图 5-12 半场底线斜线对拉球训练

（4）实战对抗训练。将学生分成2组，一组2人进行实战对抗训练，比赛时间为5分钟轮换，5分钟后比分领先的同学向上方轮换，比分落后的同学向下方轮换。比赛过程中，只能用正手斜线进行击球，如球在反手位，需要侧身用正手斜线击球，单打线内为有效区域。

第二节　反手击球进阶技术

一、反手击球的类型

反手击球一般分为反手击上旋球和反手平击球两大类。

（一）反手击上旋球

1. 特点

反手击上旋球的特点基本与正手击上旋球一样，球落地后反弹又高又远，容易加力控制。

2. 动作要点

（1）当对方来球飞向反拍时，要迅速转肩、转体，扶拍颈的左手帮助右手换成反手握拍。

（2）向后引拍，重心移向左脚，屈膝降低重心，右脚向左侧前方跨一步，在右脚的左侧前方击球，拍面稍向后倾斜。

（3）球拍触球时，应尽可能地保持球与拍的接触时间，手腕绷紧。

（4）击球时，前肩应该像一个卷曲的弹簧被放开一样，平滑地转动，这个放开动作加快了拍头出去的速度，并把力量作用于击球。

（5）击球完成后，球拍应继续向前上方做随挥动作，一直挥拍到身体的右前上方为止。然后，面对球网准备下一次击球。

（二）反手平击球

1. 特点

球速快，球的飞行路线平直，球落地后前冲力量大，但稳定性较差，容易下网或出界。

2. 动作要点

（1）当来球飞向反手时，要立刻转肩、转体并引拍，同时右脚向左前方跨出；扶拍颈的左手帮助右手换成反手握拍，并将拍拉向身体的左后方；重心移向左脚，左脚掌转至与端线平行，右肩或右背对着球网，拍面几乎与地面垂直。

（2）球拍触球时，手腕绷紧，挥拍击球的路线是从后向前上方比较平缓地挥击，左臂自然展开,保持身体平衡。

(3)击球后,球拍随着惯性挥至右肩上方,完成完整随挥动作后,恢复成准备姿势。

二、反手击球的线路

在实战比赛中,反手线路组合以反手直线和反手斜线为主。

(一)反手直线击球

反手直线击球是网球场上一项重要的技术,既是重要的主动得分武器,也是防守反击中重要的技术手段。反手直线击球具有很高的风险,原因有三点:一是你要改变来球的角度;二是在同一击球位置,直线球比斜线球的距离要短;三是距离网柱越近,球网越高。通过正手或者反手斜线调动对手,如果角度不大,可以选择重复落点,给出更偏的线路,而后通过回击反手直线来给对手制造压力,从而得分。

1.反手直线击球的作用

(1)直线击球更具主动性和进攻性。

(2)直线球比斜线球要容易得分(通常来说,难易程度与获胜率成正比。在不失误的前提下,你打出去的球难度越大,赢下这一分的概率就越高)。

微课:反手
直线击球

(3)留给对方的准备时间短(打出高质量斜线球后,即指你打出一记角度很大的斜线球,如果对手已经被你拉出场,他匆忙回过来的球质量肯定不高,你可以从容地打出一记直线球,以缩短对方的准备时间。如果你已经随球上网,直线仍然是你的首选线路,留给对方的准备时间将更短)。

2.反手直线击球的动作要点

(1)反手直线击球的击球点比斜线击球的击球点要略微靠后。

(2)击打深区的来球时,更多采用开放式站位击球;击打浅球时,更多采用关闭式站位击球。

(3)击球过程中,身体更多往球的方向转动。

3.反手直线击球训练方法

(1)底线移动多球训练。教练在底线处抛出让学生前后左右移动的球,模拟比赛时对方打出的深浅球,学生在中点处进行准备,完成前后左右4个点的移动击球,控制落点为直线方向的标志桶区域。教练员可以抛出不同深度、高度的球,让学生击打不一样的来球。学生每次击球后,用球拍轻触底线右边标志桶,然后迅速回位到中点做准备,如图5-13所示。

(2)中场移动多球训练。教练在隔网对面向学生的反手位置喂球,学生在底线中点处进行准备,完成前后左右4个不同落点的移动击球,控制落点为直线方向的标准桶区

图 5-13 底线移动多球训练

域。教练员可以抛出不同深度、高度的球,让学生击打不一样的来球。学生每次击球后,用球拍轻触底线右边标志桶,然后迅速回位到中点做准备,如图 5-14 所示。

图 5-14 中场移动多球训练

（3）半场底线斜线对拉球训练。在双方球场的发球线和底线中间深区位置,放置两个圆锥形标志物,学生与练球搭档在反手位直线对拉,30 回合为一组,需要完成 2 组。对拉球过程中,全程只能用反手直线击球,如球在正手位,需要侧身用反手直线击球,单打线内为有效区域,如图 5-15 所示。

图 5-15 半场底线斜线对拉球训练

(4)实战对抗训练。将学生分成2组,一组2人进行实战对抗训练,比赛时间为5分钟轮换,5分钟后比分领先的同学向上方轮换,比分落后的同学向下方轮换。比赛过程中,只能用反手直线击球,如球在正手位,需要侧身用反手直线击球,单打线内为有效区域,如图5-16所示。

图5-16　实战对抗训练

(二)反手斜线击球

反手是大多数球员面临的技术弱点,相比正手,反手的使用频率要低很多。但是如果对手盯着我们的反手位打,你需要的是一拍猝不及防的反手斜线球。在网球比赛中,反手斜线球可以由防御性手段演变为进攻性手段,从而极大提高了选手网球底线技术的进攻能力,使底线全攻型选手达到一个新的水平。

1. 反手斜线击球的作用

(1)反手斜线更利于发力,由于网高底线近,直线发力难度高很多。

(2)斜线击球更容易、更安全保险些(原因不言而喻:在矩形网球场内,对角线要长于边线,这就意味着可供网球以斜线方式飞行的距离比直线要长,因而球就不容易出界。此外,斜线的过网位置在球网中央,而这个位置的球网高度是最低的,因而球被打下网的概率就比较小)。

微课:反手
斜线击球

(3)接发球员有更充分的时间进行预判和准备(如果你处于接发球的角色,斜线球也比直线球要容易接,原因也是一样的——斜线球飞行时间较长,留给双方的准备时间较为充分)。

(4)打斜线更有利于回位,为下一次击球做充分的准备(当你被拉出场,最好的回击是让球从球网中间位置过网。那是球网最低的地方——比边线上方的球网低6英寸。这样有助于你把球打过网,降低下网的可能,并且打出的斜线是场上最长的线路,也很难击球出界)。

2. 反手斜线击球的动作要点

(1)反手斜线击球的击球点比直线击球的击球点要靠前,需要更加主动地去击打来球。

（2）击打深区的来球时，更多采用开方式站位击球；击打浅球时，更多采用关闭式站位击球。

（3）击球过程中，身体更多往球的方向转动。

3. 反手斜线击球训练方法

（1）底线移动多球训练。教练在底线处抛出让学生前后左右移动的球，模拟比赛时对方打出的深浅球，学生在中点处进行准备，完成前后左右 4 个点的移动击球，控制落点为斜线方向的标志桶区域。教练员可以抛出不同深度、高度的球，让学生击打不一样的来球。学生每次击球后，用球拍轻触底线右边标志桶，然后迅速回位到中点做准备，如图 5-17 所示。

图 5-17　底线移动多球训练

（2）中场移动多球训练。教练在隔网对面向学生反手位置喂球，学生在底线中点处进行准备，完成前后左右 4 个不同落点的移动击球，控制落点为斜线方向的标准桶区域。教练员可以抛出不同深度、高度的球，让学生击打不一样的来球。学生每次击球后，用球拍轻触底线右边标志桶，然后迅速回位到中点做准备，如图 5-18 所示。

图 5-18　中场移动多球训练

（3）半场底线斜线对拉球训练。在双方球场的发球线和底线中间深区位置，放置两个圆锥形标志物，学生与练球搭档在反手位斜线对拉，30回合为一组，需要完成2组。对拉球过程中，全程只能用反手击球，如球在正手位，需要侧身用反手斜线击球，单打线内为有效区域，如图5-19所示。

图 5-19　半场底线斜线对拉球训练

（4）实战对抗训练。将学生分成2组，一组2人进行实战对抗训练，比赛时间为5分钟轮换，5分钟后比分领先的同学向上方轮换，比分落后的同学向下方轮换。比赛过程中，只能用反手斜线进行击球，如球在正手位，需要侧身用反手斜线击球，单打线内为有效区域，如图5-20所示。

图 5-20　实战对抗训练

第三节　发球进阶技术

发球基本分为三种：平击发球、上旋发球、侧旋发球。每一种发球都有自己的特点和用途，好的发球具有很大的攻击性。如果发球时在球的速度、力量、旋转和落点方面加些变化，发出球的效果会更好。

微课：发球
进阶技术

一、平击发球

平击发球如图 5-21 所示。

图 5-21　平击发球

（一）特点

平击发球在所有发球类型中是球速最快的发球，也称为"炮弹式"发球，常用于第一发球时。平击发球不但球速快，而且反弹低、威胁大，在比赛中是运动员直接得分或形成优势的有力武器。

（二）动作要点

击球点在身体的正前上方，以拍面中心平直对准球，击球的后中上部。

在拍触球时，身体充分向上、向前伸展，以获得最高击球点，提高发球命中率。

（三）练习方法

1. 小场地发球练习

小场地发球练习如图 5-22 所示。

图 5-22　小场地发球练习

方法：球员站在发球线处，将球抛至额头正上方的位置，然后将球砸向对面发球线以内。

作用：找到平击击打球的感觉，体会击球时的拍面。

2. 底线平击打准练习

底线平击打准练习如图 5-23 所示。

图 5-23　底线平击打准练习

方法：在场地内摆放标志桶，练习者站在底线处，用平击发球做打准练习。

作用：提高平击发球的准确性和平级发球的成功率。

二、上旋发球

上旋发球如图 5-24 所示。

图 5-24　上旋发球

（一）特点

发上旋球时，由于球过网时弧度高，落地后反弹更高，前冲力很大，稳定性也很高，第二发球一般都采用这种发球法。场地地面越粗糙，球的反弹越高。这种发球方法更适合没有身高优势的球员。

（二）动作要点

（1）把球抛到头后偏左 11 点钟的位置。

（2）身体朝击球方向向上、向前转动，从球的后面将球从发球手头部左侧击出，球拍挥动的弧线向上，在球的一侧上部击球。

（三、）练习方法

1. 头顶刷球练习

头顶刷球练习如图 5-25 所示。

图 5-25　头顶刷球练习

方法：球和拍子放于头顶正上方甚至左侧位置，用球拍压紧网球与掌根，再向上刷出。

作用：体会向上摩擦球的感觉，体会挥拍触球的感觉。

2. 跪姿上旋发球练习

跪姿上旋发球练习如图 5-26 所示。

图 5-26　跪姿上旋发球练习

方法：在发球线后蹲下，向上发球。

作用：体会上旋发球向上刷球的感觉。

3. 发球越高练习

发球越高练习如图 5-27 所示。

图 5-27　发球越高练习

方法：在球网上方放一个高出球网 0.5 米的障碍物。练习越过较高球网的发球，并要求落在有效区域内。

作用：提高上旋发球的成功率，体会上旋发球的感觉。

三、侧旋发球

侧旋发球如图 5-28 所示。

图 5-28　侧旋发球

（一）特点

侧旋发球是网球爱好者经常使用的一种发球方法，可以用于第一发球和第二发球。侧旋发球带有侧旋力，因为球以曲线方式进入发球区，发球成功率较高，并且可将接球者拉出场，造成对方回球困难。但侧旋发球球速较慢，地面越平滑，球的侧旋力越强。

（二）动作要点

（1）发球时把球抛到右侧斜上方。

（2）球拍快速从右侧中上方向左下方挥动，击球部位在球的中部偏右侧，使球向右侧旋转。

（三）练习方法

1. 跪式发球练习

跪式发球练习如图 5-29 所示。

图 5-29　跪式发球练习

方法：先单膝跪在发球线后，然后进行侧旋发球训练。动作熟悉后退至底线进行相同的练习。

目的：体会侧旋发球挥拍轨迹，加强侧切击球的感觉。

2. 对墙发球练习

对墙发球练习如图 5-30 所示。

方法：在墙上画出一条与球网一样高的线，然后在离墙 6 米左右的位置练习侧旋发球，发出的球要稍高于线的高度。

目的：增强发球的稳定性。

3. 底线侧旋打准练习

底线侧旋打准练习如图 5-31 所示。

方法：在场地内摆放标志桶，进行侧旋发球打准练习。

目的：提高侧旋发球的准确性和成功率。

第五章 网球运动进阶技术

图 5-30　对墙发球练习

图 5-31　底线侧旋打准练习

第四节　正手截击球进阶技术

一、正手高位截击

正手高位截击击球如图 5-32 所示。

微课：正手截击球进阶技术

(a) 正面示范正手截击高球　　　　(b) 侧面示范正手截击高球

图 5-32　正手高位截击击球

（一）特点

如果来球高度较高，但又达不到打高球的高度时，必须在身体前面截击。

（二）动作要点

截击高球要有一定的后摆，触球时要握紧球拍，手腕绷紧并朝上；击球时球拍对准球，重心向前，然后用小幅度的随挥动作，对着球推击并向下方送出，准备下一次回击。

（三）练习方法

1. 正手截击高球多球练习

正手截击高球多球练习如图 5-33 所示。

图 5-33　正手截击高球多球练习

方法：隔网喂球，球送至击球者头高的位置，击球者站在距球网 1～2 米处击球。
目的：巩固正手高位截击击球的感觉。

2. 正手截击高球对墙练习

正手截击高球对墙练习如图 5-34 所示。

图 5-34　正手截击高球对墙练习

方法：击球者站在距墙 3 米的位置，将球击向距离墙 0.5 米的位置，球反弹后正好在击球者头部位置，从而继续练习高位截击。

目的：巩固正手高位截击击球动作，提高正手高位截击连续击球能力。

3. 一网一底对打练习

一网一底对打练习如图 5-35 所示。

图 5-35　一网一底对打练习

方法：一人底线击球，击球时过网高度在球网上方 2 米左右的位置。送球给截击者练习高位截击。

目的：加强正手高位截击实战能力。

二、正手截击低球

正手截击低球如图 5-36 所示。

图 5-36　正手截击低球

（一）特点

截击低位球比截击高球的难度要大一些，低位球低于球网，击球位置较低。

（二）动作要点

击球时降低身体重心，屈膝至适当的高度，拍头略高于手腕，拍面稍打开，在身体前面击球，击球后随着球出去的方向做短促的随挥动作。

（三）练习方法

1. 正手截击低球多球练习

正手截击低球多球练习如图 5-37 所示。

图 5-37　正手截击低球多球练习

方法：隔网喂球，球送至击球者膝盖以下位置，击球者站在距球网 1～2 米的位置击球。

目的：巩固正手低位截击击球的感觉。

2. 正手截击低球对墙练习

正手截击低球对墙练习如图 5-38 所示。

图 5-38　正手截击低球对墙练习

方法：击球者站在距墙 3 米的位置，将球击向墙 2 米高的位置，球反弹后正好在击球者膝盖位置，从而继续练习低位截击。

目的：巩固正手低位截击击球动作，提高正手低位截击连续击球能力。

3. 两人对截低球练习

两人对截低球练习如图 5-39 所示。

图 5-39 两人对截低球练习

方法：两人站在网前相距 4 米左右，将球截至对手膝盖位置，反复练习。
目的：加强正手低位截击实战能力。

三、正手近身截击

正手近身截击如图 5-40 所示。

(a) 正面示范近身截击　　　　　　(b) 侧面示范近身截击

图 5-40 正手近身截击

（一）特点

正手近身球是回击球时，将球笔直地打向对手右边身体的球。在网前截击时，经常会遇到这种朝身体飞来的空中球，即"追身球"。

（二）动作要点

把球拍放在身体的前面用正拍截击，保持手腕笔直和绷紧，拍面在体前正对着球截击。击球后，身体前倾，球拍对准球落地的方向随挥出去。

（三）练习方法

1. 近身截击多球练习

近身截击多球练习如图 5-41 所示。

图 5-41　近身截击多球练习

方法：在发球线附近喂球，将球送至击球者身体中央，击球者站在距离球网 2 米的位置击球。

目的：巩固正手近身截击击球的感觉，固定正手近身截击动作。

2. 两人对截近身球练习

两人对截近身球练习如图 5-42 所示。

图 5-42　两人对截近身球练习

方法：两人站在网前相距 4 米左右，将球截至对手身体中央位置，反复练习。

目的：加强正手近身截击实战能力。

四、正手中场截击球

正手中场截击球如图 5-43 所示。

图 5-43　正手中场截击球

（一）特点

正手中场截击球是指在本方发球线附近的截击球，多在发球上网战术中使用。正手中场截击球大部分是在腰部的部位击球。

（二）动作要点

正手中场截击球大部分是在腰部的部位击球，要注意精确击球点和拍面角度，尽量回击到对方深区的空当，以便及时抢占网前有利位置。

（三）练习方法

1. 中场截击球多球练习

中场截击球多球练习如图 5-44 所示。

图 5-44　中场截击球多球练习

方法：在发球线附近喂球，将球送至场地深区，击球者站在发球线附近击球。
目的：巩固正手中场截击击球的感觉，固定正手中场截击动作。

2. 两人中场对截练习

两人中场对截练习如图 5-45 所示。
方法：两人站在发球线附近练习截击球，用正手截击且持续击球。
目的：增加正手中场截击的稳定性。

图 5-45　两人中场对截练习

3. 一网一底对打练习

一网一底对打练习如图 5-46 所示。

图 5-46　一网一底对打练习

方法：一人底线击球，练习者站在发球线附近练习截击击球。

目的：增强正手中场截击的实战能力。

第五节　反手截击球进阶技术

一、反手高位截击

反手高位截击如图 5-47 所示。

（一）特点

来球高度较高，但又达不到打高压球的高度时，必须在身体前面截击。

微课：反手截击
球进阶技术

图 5-47　反手高位截击

(二) 动作要点

反手截击高球时,扶拍手帮助球拍后摆,同时控制好拍面;球拍后摆幅度不要太大,拍头朝上,眼睛盯住球;击球挥拍时扶拍手放开,触球一刹那,手腕绷紧,球拍从高到低向前下击球并随挥出去。

(三) 练习方法

1. 反手高位截击多球练习

反手高位截击多球练习如图 5-48 所示。

图 5-48　反手高位截击多球练习

方法：隔网喂球,球送至击球者头高的位置,击球者站在距球网 1~2 米的位置击球。

目的：巩固反手高位截击击球的感觉。

2. 反手高位截击对墙练习

反手高位截击对墙练习如图 5-49 所示。

方法：击球者站在距墙 3 米的位置,将球击向距离墙 0.5 米的位置,球反弹后正好在击球者头部位置,从而继续练习高位截击。

目的：巩固反手高位截击击球动作。

图 5-49　反手高位截击对墙练习

3. 一网一底对打练习

一网一底对打练习如图 5-50 所示。

图 5-50　一网一底对打练习

方法：一人底线击球，击球时过网高度在球网上方 2 米左右的位置。送球给截击者练习高位截击。

目的：加强反手高位截击实战能力。

二、反手低位截击

反手低位截击如图 5-51 所示。

（一）特点

截击低位球比截击高球的难度要大一些，低位球低于球网，击球位置较低。

（二）动作要点

击球时降低身体重心，屈膝至适当的高度，拍头略低于手腕，拍面稍打开，在身体前面

图 5-51　反手低位截击

击球,击球后随着球出去的方向做短促的随挥动作。

(三)练习方法

1. 反手低位截击多球练习

反手低位截击多球练习如图 5-52 所示。

图 5-52　反手低位截击多球练习

方法:隔网喂球,球送至击球者膝盖以下位置,击球者站在距球网 1~2 米的位置击球。

目的:巩固反手低位截击击球的感觉。

2. 反手低位截击对墙练习

方法:击球者站在距墙 3 米的位置,将球击向墙 2 米高的位置,球反弹后正好在击球者膝盖位置,从而继续练习低位截击。

目的:巩固反手低位截击击球动作。

3. 反手低位截击两人对截练习

反手低位截击两人对截练习如图 5-53 所示。

方法:两人站在网前相距 4 米左右,将球截至对手膝盖位置,反复练习。

目的:加强反手低位截击实战能力。

图 5-53　反手低位截击两人对截练习

三、反手近身截击

反手近身截击如图 5-54 所示。

图 5-54　反手近身截击

（一）特点

反手近身球是回击球时，将球笔直地打向对手左边身体的球。在网前截击时，经常会遇到这种朝身体飞来的空中球，即"追身球"。

（二）动作要点

把球拍放在身体的前面用反拍截击，保持手腕笔直和绷紧，拍面在体前正对着球截击。击球后，身体前倾，球拍对准球落地的方向随挥出去。

（三）练习方法

1. 反手近身截击隔网多球练习

反手近身截击隔网多球练习如图 5-55 所示。

方法：在发球线附近喂球，将球送至练习者身体中央位置，击球者站在距球网 2 米左

图 5-55 反手近身截击隔网多球练习

右的位置用反手截击击球。

目的：巩固反手近身截击击球的感觉，固定反手近身截击动作。

2. 反手近身截击两人对截练习

反手近身截击两人对截练习如图 5-56 所示。

图 5-56 反手近身截击两人对截练习

方法：两人站在网前相距 4 米左右，将球截至对手胸口位置，反复练习。

目的：加强反手近身截击实战能力。

四、反手中场截击球

反手中场截击球如图 5-57 所示。

（一）特点

反手场截击球是指在本方发球线附近的截击球，多在发球上网战术中使用。反手中场截击球大部分是在腰部的部位击球。

（二）动作要点

反手中场截击球大部分是在腰部的部位击球，要注意精确击球点和拍面角度，尽量回

图 5-57　反手中场截击球

击到对方深区的空当,以便及时抢占网前有利位置。

(三) 练习方法

1. 反手中场截击球多球练习

反手中场截击球多球练习如图 5-58 所示。

图 5-58　反手中场截击球多球练习

方法:在发球线附近喂球,将球送至场地深区,击球者站在发球线附近击球。
目的:巩固反手中场截击击球的感觉,固定反手中场截击动作。

2. 反手中场截击球两人对截练习

反手中场截击球两人对截练习如图 5-59 所示。

图 5-59　反手中场截击球两人对截练习

方法：两人站在发球线附近练习截击球。

目的：增加反手中场截击的稳定性。

3. 一网一底对打练习

方法：一人底线击球，截击练习者站在底线下手发球，发球后立马随球上网，在发球线附近练习反手截击击球。

目的：增强反手中场截击的实战能力。

第六章 网球运动专项身体素质训练

第一节 网球专项步法训练

一、步法的重要性

微课:网球专项步法训练

步法在网球运动中越来越受到教练员和运动员的重视。没有灵活的步法,就不可能抢占有利的击球位置并有效回击来球。优秀的步法可以使多拍对抗之间的动作衔接更流畅,达到最佳的击球效果。

二、网球基本步伐

(一)分腿垫步

分腿垫步如图 6-1 所示。

图 6-1 分腿垫步

方法:两脚自然开立,与肩同宽,或稍宽于肩。两膝自然微屈,重心稍放在前脚掌上,做一个小跳跃步,双脚的前脚掌着地。

作用:为击打来球做充分的准备。

(二)碎步

碎步如图 6-2 所示。

图 6-2 碎步

作用：在挥拍击球前用小碎步进行位置调整，使自己处于最佳的击球点。

（三）滑步

滑步如图 6-3 所示。

图 6-3 滑步

方法：面对球网，将外侧腿向所要移动的方向滑动。内侧腿向外侧腿方向移动时，两腿在空中接触，然后进入准备击球状态。

作用：多用于短距离移动，只适合移动几步即可击到球的情况。

（四）交叉步

交叉步如图 6-4 所示。

图 6-4 交叉步

方法：如向右侧移动，应先跨左腿在右腿前；如向左边移动，要跨右腿在左腿前。要尽可能保持肩膀与球网平行，重心保持在两腿间，两腿呈交叉状向侧面跨步。

作用：常用于需要大范围跑动的来球。

三、无球步法训练

（一）扇形跑

扇形跑如图 6-5 所示。

图 6-5　扇形跑

方法：将一支球拍放在底线中点后面，拍头指向球网，把球放在球场的 5 个点上，从底线中点开始，沿着逆时针方向依次取回 5 个球，将每次取回的球放在球拍拍面上。

作用：提高变向起动的速度。

（二）绳梯训练

绳梯训练如图 6-6 所示。

图 6-6　绳梯训练

方法：利用绳梯练习前后步、变向跑、侧滑步、单边开合碎步、开合碎步等。

作用：提高步法的准确性和熟练性。

（三）海宁步

海宁步如图 6-7 所示。

图 6-7　海宁步

方法：在单打线和中心发球线放置标志桶。利用交叉步、滑步、折返触摸。

作用：提高移动速度。

（四）跳越训练

跳越训练如图 6-8 所示。

图 6-8　跳越训练

方法：在一条线上放置若干个球，运动员以尽可能快的速度从一侧至另一侧跳球，然后双脚落地。

作用：提高腿部力量和移动速度。

四、持拍步法训练

（一）组合挥拍训练

组合挥拍训练如图 6-9 所示。

图 6-9　组合挥拍训练

方法：在场地上放置六个标志桶，两个前场用交叉步的关闭式步伐，两个底线用侧滑步的开放式，两个后场用后侧步的半开放式，六个点依次挥拍。

作用：跑动到位、找准击球位置。

（二）短吊球训练

短吊球训练如图 6-10 所示。

图 6-10　短吊球训练

方法：运动员站在底线中点处，教练员在对面网附近向其发送短吊球。

作用：加强冲刺救球能力。

（三）打乱步法训练

打乱步法训练如图 6-11 所示。

图 6-11　打乱步法训练

方法：教练员从发球线位置连续向站在底线的运动员正手送球和反手送球。

作用：加强步伐调整能力。

第二节　网球专项身体素质训练

网球运动员的身体素质训练主要由力量素质训练、速度素质训练、耐力素质训练、灵敏素质训练和柔韧素质训练组成。

一、力量素质训练

（一）力量素质的重要性

力量是网球运动员发展各项身体技能的基础，是人体对用力的克服程度，也是运动员完成动作时肌肉收缩的程度。因此，网球运动员进行有效的力量训练，对提高自身技能水平有重要意义。

微课：网球专项身体素质训练

（二）力量素质训练方法（实心球练习）

1. 正手击球动作（实心球练习）

方法：双手持一实心球，模拟正手击球动作将球抛出，如图6-12所示。

图6-12　正手击球动作练习（1）

作用：主要发展腿、腰部和手臂的力量，提高正手击球的稳定性，如图6-13所示。

2. 反手击球动作（实心球练习）

方法：双手持一实心球，模拟反手击球动作将球抛出。

作用：主要发展腿、腰部和手臂的力量，提高反手击球的稳定性，如图6-14所示。

图 6-13　正手击球动作练习（2）

图 6-14　反手击球动作练习

3. 发球动作（实心球练习）

方法：练习者两脚自然开立，右手于头的后上方持一只实心球，如图 6-15 所示。

图 6-15　发球动作练习（1）

向后仰，左手自然举高，然后右脚向前跨步，将球从头上方抛出，如图 6-16 所示。

作用：主要发展大臂、胸肌和背肌力量，提高发球的稳定性。

图 6-16　发球动作练习（2）

二、速度素质训练

（一）速度素质的重要性

快速的跑动是完成击球动作的重要条件,速度的快慢是击球效果的决定性因素。速度素质越好,神经的灵活性越高,对各种来球就能产生快速、协调、准确的反应。因此,在网球运动中发展速度素质非常重要。

（二）速度素质训练方法

1. 触摸线折返跑

方法：练习者从双打边线开始向前加速跑,用手触摸球场标志线,然后快速回到开始的位置（触摸位置依次为双打边线、单打边线、发球中线、另一边单打边线、双打边线、开始的位置）。

作用：提高移动中击球脚的动作速度。

2. 抗阻力跑

方法：教练员将一根橡皮筋套在运动员的腰上,如图 6-17 所示,运动员听到教练员口令后快速向前跑动,教练员用一定的力量牵引并跟随跑动,如图 6-18 所示。

图 6-17　抗阻力跑练习（1）

图 6-18　抗阻力跑练习（2）

作用：提高移动中击球的跑动速度和爆发力，增加步长。

三、耐力素质训练

（一）耐力素质的重要性

耐力是人体完成时间工作所必需的能力，也是机体克服和抵抗人体在运动中疲劳的能力。网球比赛不受时间的限制，参赛队员要不停移动、挥拍击球、上网截击等，因此，网球运动若没有很好的耐力素质，是不可能取得比赛胜利的。

（二）耐力素质训练方法

主要采用间歇冲刺跑。

方法：练习者从底线开始，全速冲刺跑到网前，用手轻触网，然后快速小步后退回底线，3组全速跑和1组慢跑交替进行。

作用：发展有氧和无氧混合耐力，提高速度的持久力和耐力。

四、灵敏素质训练

（一）灵敏素质的重要性

网球运动对于手和眼的协调有极高的要求，灵敏性的高低常常决定着技术水平的高低。灵敏素质是力量、反应能力、速度、爆发力和协调性等的综合反应，灵敏素质在网球运动中是十分重要的。

（二）灵敏素质训练方法

主要采用模仿跑。

方法：两人一组前后站立距3米，前者在快跑中做出变向、急停、转向等不同动作，后者及时模仿前者在跑动中做出的各种动作，15秒后两人交换进行，30秒为一组。

作用：提高移动中击球跑位的灵活性。

五、柔韧素质训练

（一）柔韧素质的重要性

网球运动对运动员上肢各关节和下肢各关节的灵活性有较高的要求，柔韧性能降低伤害事故的发生率，特别是髋、膝和腕关节的灵活性，对提高步伐移动能力和各种击球动作有很大的作用。

（二）柔韧素质训练方法

1. 手臂拉伸

两手五指交叉伸直臂至头上翻腕，掌心朝上，如图 6-19 所示。

图 6-19　手臂拉伸

2. 肩部拉伸

两人互相以手搭肩，身体前倾，向下有节奏地肩压，如图 6-20 所示。

图 6-20　肩部拉伸

3. 腰部拉伸

弓箭步转腰压腿,两脚前后开立,向左后转,向右后转,来回转腰,如图 6-21 所示。

图 6-21　腰部拉伸

4. 下肢拉伸

压腿,将脚抬至一定高度,另一腿站立,脚尖朝前,然后正压、侧压、后压,如图 6-22、图 6-23 所示。

图 6-22　下肢拉伸(1)

图 6-23　下肢拉伸(2)

作用:预防运动损伤,使运动员尽快掌握各项技术动作。

第七章　网球竞赛裁判方法与规则

第一节　网球裁判员概述

网球裁判员是在运动竞赛过程中,依据竞赛规程和规则,评定运动员成绩、胜负和名次的人员。

裁判员要有公平、公正、坚决果断的品质。裁判员严肃、认真、公正、准确的判罚会直接影响运动员技术、战术的发挥,也影响比赛效果。

微课：网球裁判员概述

一、网球裁判员的管理机构

中国网球裁判委员会是在中国网球协会领导下的中国网球裁判员的管理机构,承担着研究和准确把握国际国内网球竞赛规则的任务,并负责裁判员的培训、考核、资格认证、注册、选派、处罚和奖励等各项事务的管理工作。

二、网球裁判员的技术等级

国际网球裁判分为四类：司线员、主裁判、裁判长和裁判组长。

主裁判系列：国际金牌、国际银牌、国际铜牌、国际白牌；国家级、一级、二级、三级。

裁判长系列：国际金牌、国际银牌、国际白牌。

裁判组长系列：国际金牌国际银牌、国际白牌。

获得国际网联裁判技术等级认证者,统称为国际级裁判员。

三、网球裁判员具备的条件

(1) 网球裁判员要有积极的工作态度,要热爱网球事业,有正确的人生观和价值观。

(2) 网球裁判员要努力提高临场执法水平。

方法：多执裁比赛、多看别人执裁比赛、多与人交流积累直接和间接经验、多打网球提高对球的感觉。

同时裁判员要有专业的水平和责任感。

(3) 网球裁判员要增强对网球竞赛规则的理解,不断提高网球裁判理论水平,要有终身学习的习惯。

（4）网球裁判员要提高心理素质，要有自我调节能力。

（5）网球裁判员要提高文化素质。比如，掌握不同的语言交流方式，了解不同国家、民族的文化，可有助于更好地执裁。

（6）网球裁判员要提高道德品质，必须公平、公正。

（7）网球裁判员要积极争取家庭和社会的理解与支持。网球裁判员会经常出差，而且一般会有自己的本职工作，所以既要有家庭也要有工作单位的支持。

（8）网球裁判员要保持良好的身体状态，要有锻炼的习惯，这样才能在长时间的比赛中保持良好的状态，做出准确的判断。

第二节　网球竞赛裁判方法

一、裁判长

裁判长应由竞赛委员会推选，一般由在该领域从事较长时间、具有丰富经验的资深裁判担任。

微课：网球竞赛
裁判方法

（1）裁判长必须精通规则，要能迅速作出决定，并对其所采取的行动负完全责任。

（2）裁判长有权指定或更换裁判员、司线员、脚误裁判员和司网裁判员。

（3）如果一场未进行完的比赛需重赛，裁判长可以在征得比赛双方同意后，作出仲裁或继续比赛的决定。

（4）裁判长有权指定比赛场地和请假运动员在限定日期比赛。

（5）裁判长有权决定无故不出场比赛的运动员和经过点名而不准备出场比赛的运动员为弃权处理。

（6）由于天黑或是场地、气候等原因，裁判长可以随时决定延期比赛。

（7）当裁判员表示自己不能裁决时，裁判长可以根据规则决定任何得分，裁判长的决定是最后的判定。

二、主裁判

主裁判是场地上临场裁判的最终判定人，对场上出现的任何情况，要负直接责任。主裁判椅应置于球场中间，距网 1.2～1.5 米的位置。

主裁判的主要职责如下。

（1）要十分熟悉网球规则、竞赛规程和行为准则，应按国际网联"裁判员的职责和工作程序"工作。

（2）按国际网联监督或裁判长的要求，与其他主裁判统一着装。

（3）搞清运动员姓名的正确发音。

(4) 先于运动员到达比赛场地。

(5) 及时召集双方运动员举行赛前会议。

(6) 备有可握在手中的秒表用于计时。

(7) 保证有足够的比赛用球包括用于替换的旧球。

(8) 裁决比赛中一切"事实"问题,包括呼报没有司线员看着的界线。

(9) 确保双方运动员及所有临场裁判员遵守规则。

(10) 当认为有必要改进裁判工作时,可撤换、轮转任何司线员。

(11) 对比赛中出现的规则问题可先做出裁决,但运动员有权对此向国际网联监督或裁判长提出申诉。

(12) 按照国际网联规定的程序,在每分结束后宣报比分。

(13) 当司线员或司网裁判员呼报不够响亮或需给予证实以消除运动员对近线球的疑虑时,主裁判可重新呼报。

(14) 按照国际网联规定的程序填写国际网联比赛记分表。

(15) 只有当司线员明显误判时主裁判方可改判,必须在司线员错判后立即改判。

(16) 负责检查球印。除土场外,其他场地不检查球印。

(17) 应尽力维持观众秩序。

(18) 比赛时,主裁判应负责引导球童,使他们能够协助运动员而不是干扰运动员的比赛。

(19) 确保赛场上有足够的比赛用球,负责换球并决定比赛用球是否适合。

(20) 决定场地是否适合比赛使用。

(21) 比赛结束后,主裁判应向国际网联赛事监督或裁判长汇报比赛期间所有执行行为准则的情况。

三、主裁判临场工作程序

(1) 主裁判要准备好裁判所需的工具,包括量网尺、硬币、计分设备、夹板、记分纸、铅笔、橡皮等。

(2) 主裁判一般提前 15 分钟到场,检查场地卫生、丈量球网高度,单打比赛要支好单打支柱,检查裁判椅子、运动员座椅等。

(3) 司线员、球童进入场地后,主裁判要检查其位置。运动员进场后,主裁判站在网前面对运动员休息椅,等候运动员挑边。挑边后运动员与球童合影,之后运动员开始 5 分钟热身。

(4) 主裁判坐上裁判椅,开始 5 分钟计时。

(5) 主裁判根据计时宣报,在热身活动还剩 3 分钟时,宣报"3 分钟";在热身活动还剩 2 分钟时,宣报"2 分钟";在热身活动还剩 1 分钟时,宣报"1 分钟";当 5 分钟热身活动结束,宣报"时间到,准备比赛"。然后示意球童传球到发球员一侧,发球员应在 1 分钟内开始比赛。

(6) 主裁判根据临场事实或规则,进行严肃、认真、公平、准确的判罚。

四、司线员的工作内容

司线员的职责是报球失误和出界,判决自己所看管的那条线上的球,并有最后的决定权。

(1) 如司线员不能作出决定,裁判员应予判决,或令这一分球重赛。

(2) 司线员应准时到达比赛场地,在宣布比赛开始前就位,就位后未经裁判员许可,或在另一名司线员替代其工作之前,不得离开岗位。

(3) 在比赛时司线员不得随意走动,应保持安静。如果司线员认为所处位置妨碍了运动员击球,可以尽一切努力给运动员让路,在这种情况下可以暂时移动一下位置。

(4) 司线员不得到场外给运动员捡球。

(5) 司线员要集中精神,不能和观众交谈或注意与比赛无关的事情。

(6) 脚误裁判员应正对底线而坐,发球时可以从一边换到另一边;不得和底线司线员交谈;在判决犯规时必须大声宣布,要使全场都能听到;应非常熟悉脚误的规则,只有在明确运动员的步伐是违犯规则时,才能宣布脚误。

五、司线员临场的身体姿势与手势

手势是司线员职责的重要组成部分,是司线员确定宣判的肢体配合动作。

(一) 非活球期身体姿势

非活球期身体姿势如图 7-1 所示。

(二) 活球期身体姿势

活球期身体姿势如图 7-2 所示。

图 7-1　非活球期身体姿势　　　　图 7-2　活球期身体姿势

(三) 活球期好球手势

要求手掌并拢指向地面,动作幅度小,如图 7-3 所示。界内球不做口头呼报,在回球过程中或一分球结束时,此判定仅以手势完成。

图 7-3　活球期好球手势

（四）活球期出界手势

要求手臂完全伸展侧平举，指向球"出界"或"失误"的方向，手掌张开，手指并拢，掌心对主裁判，如图 7-4 所示。

手势不可替代呼报，手势是对"出界"或"失误"呼报的补充与确认。如果球落到场外司线员的左侧或右侧，司线员随即根据情况适时伸出左臂或右臂，同时宣布"出界"或"失误"。负责底线和发球线的司线员伸左臂还是右臂，要根据其在球场的位置来确定。

图 7-4　活球期出界手势

（五）更正手势

如果是从界内球改成界外球，不需要呼报"更正"，直接呼报"出界"，然后做"出界"手势。如果是从界外球改成界内球，在呼报"更正"的同时单臂充分上举，在做完"更正"手势后，还要做一个"界内球"手势，如图 7-5 所示。

（六）脚误手势

在呼报"脚误"的同时单臂充分举起，如图 7-6 所示。

图 7-5　更正手势　　　　　　图 7-6　脚误手势

（七）视线被挡手势

当球落地时,球场上的线被遮挡,如果司线员不能判决该球是"好球"还是"出界球"时,将双手置于双眼下方,手背朝向主裁判,如图 7-7 所示。此手势表示司线员的视线因某种原因受到阻碍而无法呼报。此时,司线员不必口头呼报,只需安静地做出手势。

图 7-7　视线被挡手势

（八）主裁判坐法

主裁判坐法如图 7-8 所示。

图 7-8　主裁判坐法

第三节　网球单打和双打竞赛规则

一、单打竞赛规则

（一）网球场地

微课：网球单打和双打竞赛规则

球场是一个长方形，长 23.77 米，宽 8.23 米。用球网将全场横隔为两个等区，球网悬挂在直径不超过 0.8 厘米的绳或钢丝绳上，球网两端悬挂在直径不超过 15 厘米的圆形网柱或边长不超过 15 厘米的正方形网柱顶上。网柱高不得超过网绳顶部 2.5 厘米。网柱中心距边线外沿 0.914 米。网柱高度应使网绳或钢丝绳的顶部距地面 1.07 米。

当一兼有双打和单打的场地挂着双打球网用于单打时，球网必须用高度为 1.07 米的两根支柱支撑，这两根支柱称为"单打支柱"。其直径或边长不得超过 7.5 厘米，单打支柱中心距单打场地边线外沿 0.914 米。

（二）球场固定物

球场固定物包括球网、网柱、单打支柱、绳（或钢丝绳）、中心带、网边白布，还包括球场周围的挡网、看台、固定的（或可移动的）座椅及观众；安置在场地周围上空的设备，以及在各自位置上的裁判员、辅助裁判员、脚误裁判员、司线员、球童等。

（三）选择权

第一局比赛前采用掷币的方法来决定选择场区或首选发球权、接发球权。得胜者有权优先选择或者要求对方选择。

（1）选择发球或者接发球者，对方选择场区。

（2）选择场区者，对方选择发球或者接发球。

（四）发球

发球时应按下列方法将球发出去：发球员在发球前，应站在底线后，位于中点和边线的假设延长线之间的区域里，然后用手将球向空中任意方向抛起，在球接触地面前用球拍击球。球拍与球接触后，发球就结束了。

（五）脚误

发球员在发球时要注意以下两点。

（1）发球员在发球时，不得通过行走或跑动改变原先的站立位置。

（2）两脚只准站在端线后、中点和边线的假定延长线之间，不能触及其他区域。

（六）发球员的位置

（1）每局开始发球时，发球员应从右区端线后发球；得（失）一分后，应换到左区发球。

这样每得一分就轮流交换发球位置。
　　(2) 发出的球,在对方还击前,应从网上越过,落到对角的对方发球区或其周围的线上。

(七) 发球失误

　　(1) 发球员违反(四)~(六)的规定。
　　(2) 未击中球。
　　(3) 发出的球在落地前触及固定物(球网、中心带、网边白布除外)。

(八) 第二次发球

　　发球员第一次发球失误后应在原发球位置进行第二次发球。如第一次发球失误后,发觉发球位置错误,按规则要改在另一区域发球,但只能再发一次。

(九) 发球时间

　　发球员须待接球员准备好后,才能发球。接球员做还击姿势就算已做好准备。如接球员表示尚未准备好,即使所发的球没有落到发球区内,他也不能要求判此球失误。

(十) 重发球和重赛

　　凡根据规则必须重发球或比赛受到干扰时,裁判员应呼叫"重发球"。
　　(1) 宣报发球无效时,该球不算,重发球。
　　(2) 其他情况下,该分重赛。

(十一) 发球无效

　　下列任何一种情况,应判发球无效,并重发球。
　　(1) 合法的发球触及球网、中心带或网边白布后,仍落到对方发球区内;或发出的球触及球网、中心带、网布白边后,在落地前触及接球员身体或其穿戴的物件。
　　(2) 无论发球成功还是失误,接球员均未做好准备。

(十二) 发球次序

　　第一局比赛终了,接球员成为发球员,发球员成为接球员。以后每局终了,均依次交换直至比赛结束。如发球次序发生错误,发觉后应立即纠正,由应轮及发球的球员发球。发觉错误前双方所得的分数都有效。

(十三) 运动员何时交换场地

　　双方应在每盘的第一、三、五等单数局结束后,以及每盘结束双方局数之和为单数时,交换场地。

(十四) "活球"期

　　自球发出起(除失误或重发外),至该分胜负判定为止,为"活球"期。

(十五)发球员得分

下列任何一种情况,判发球员得分。
(1) 发出的球(除发球无效外),在着地前触及接球员或其穿戴的任何物件时。
(2) 接球员违反规则而失分时。

(十六)接球员得分

下列任何一种情况,判接球员得分。
(1) 发球员连续两次发球失误时。
(2) 发球员违反规则而失分时。

(十七)失分

下列任何一种情况,均判失分。
(1) 在球第二次着地前未能还击过网。
(2) 还击的球触及对方场区界线以外的地面、固定物或其他物件。
(3) 还击空中球失败。
(4) 在比赛进行中,运动员故意用球拍拖带或接住球,或故意用球拍触球超过一次。
(5) "活球"期间运动员的身体、球拍或穿戴的物件触及球网、网柱、单打支柱、绳(或钢丝绳)、中心带、网边白布或对方场区以内的地面。
(6) 过网击球。
(7) 除握在手中的球拍外,运动员的身体或穿戴的物件触球。
(8) 抛拍击球。
(9) 比赛过程中,运动员故意改变其球拍的形状。

(十八)阻碍击球

甲方的举动妨碍乙方击球时,该举动属故意,判甲方失分,若是无意,则判该分重赛。

(十九)压线球

落在线上的球都算界内球。

(二十)球触固定物

击出的球,落在对方场区地面后再触及固定物[球网、网柱、单打支柱、绳(或钢丝绳)、中心带、网边白布除外]时判击球者得分;球在落地前触及固定物[球网、网柱、单打支柱、绳(或钢丝绳)、中心带、网边白布除外],判对方得分。

(二十一)有效还击

下列任何一种情况,都是有效还击。
(1) 球触球网、网柱、单打支柱、绳(或钢丝绳)、中心带、网边白布后,从网上越过落入对方场区内。

(2) 对方发出或还击的球,落到本方场区内又反弹回去或被风吹回对方场区上空时,本方运动员挥拍过网击球,球落到对方场区内,其身体、衣服或球拍并未触及球网、网柱、单打支柱、绳(或钢丝绳)、中心带、网边白布、对方场区的地面。

(3) 球从网柱或单打支柱以外还击至对方场区(无论还击的球是高还是低于球网,或是触及球网或单打支柱)。

(4) 合法击球后,球拍随球过网。

(5) 对方发出或击出的球,碰到本方场区内的另一球,而还击的运动员仍能回球到对方场区内。

(6) 还击的球,如果从单打支柱和双打网柱中间的钢丝绳下穿过,并且没有触及钢丝绳、球网或双打网柱而落到有效场区以内,算有效还击。

(二十二) 意外阻碍

运动员遇到不能控制的意外阻碍[球场固定物及规则(十八)阻碍击球的规定除外],妨碍其击球时该分重赛。

(二十三) 连续比赛和休息

从第一次发球开始,到全场结束,比赛应按下列规定连续进行。

(1) 如第一次发球是失误,发球员必须毫不延误地开始第二次发球。交换场地时,从前局结束至下局第一分球拍击球时,最多有 90 秒的间歇。分与分之间允许间歇的时间不得超过 25 秒。

(2) 绝不应该为了使运动员恢复力量、呼吸或身体素质而暂停、延误或干扰比赛。虽然如此,若因事故而受伤,裁判员允许一次暂停(3 分钟)。

(3) 若某些情况非运动员所能控制,如运动员的服装、鞋或器材(不包括球拍),因料理不当而不能或难以继续比赛时,裁判员可暂停比赛,直到运动员把它们料理好。

(4) 当需要和适宜时,裁判员在任何时候都可以暂停或延缓比赛。

(5) 男子比赛在第三盘打完之后,女子比赛在第二盘打完之后,双方运动员可以有不超过 10 分钟的休息时间。如果地处北纬 15°至南纬 15°的国家,则以不超过 45 分钟为限。此外,当出现运动员无法控制的特殊情况时,裁判员有权暂停适当的时间。

(6) 锦标赛的委员会有权决定给运动员做准备活动的时间,但不可超过 5 分钟,并且必须在比赛开始前宣布。

(7) 当使用批准的罚分制(指三级罚分制)和不积累的罚分制(指每次罚一分制)时,裁判员应在上述罚分制条款的范围内做出裁决。

(8) 运动员违反了比赛应连续进行的原则,裁判员发出警告后,有权取消犯规运动员的比赛资格。

(二十四) 指导

团体赛中,场地交换时,可由坐在场内的队长给予指导,但在决胜局换边不得进行指导。

在非团体赛时,运动员不能接受指导,应严格遵守这些条款。

裁判员发出警告后,其有权取消犯规运动员的比赛资格。当使用批准的罚分制(指三级罚分制)时,裁判员应按照罚分制处罚运动员。

(二十五)更换新球

假如超过了规定的局数应换新球,但在正确的次序未换新球,则此错误应等到该轮及发新球的运动员或在双打时该对运动员,在下一轮发球局到来时予以纠正,更换新球。此后,应按原先规定的两次换球间的局数来更换新球。

二、双打竞赛规则

(一)双打规则

除以下各条规定外,上述规则均适用于双打。

(二)球场和球网

双打球场应为10.97米宽,比单打球场每边长1.37米。两发球线间的单打球场边线为发球区的边线,基余各项均和单打规则相同。发球线与端线之间的单打边线,如认为需要可以取消。

(三)发球次序

应在每盘开始之前,决定发球次序:每盘第一局开始时,由发球方决定由何人先发球,对方则在第二局开始时决定由何人先发球。第三局由第一局发球方的另一名球员发球。第四局由第二局发球方的另一名球员发球。此盘以下各局均按此次序发球。

(四)接球次序

应在每盘开始之前,决定接球次序:先接球的一方,应在第一局开始时,决定何人先接发球,并在这盘单数局继续先接发球。对方应在第二局开始时,决定何人先接发球,并在这盘双数局继续先接发球。他们的同伴应在每局中轮流接发球。

(五)发球次序错误

发球次序错误,应在发觉时立即纠正。但已得的分数或已成的失误都有效。如发觉时全局已经终了,此后发球次序就以该局为准轮流发球。

(六)接球次序错误

接球次序错误,发觉后仍按错误的次序进行,等到下一接球局再做纠正。

(七)发球失误或得分

发出的球,如违反单打发球失误规则,或触及同队队员或其穿戴的物件时,都算失误。

发出的球,在着地前触及接球员的同伴或其穿戴的物件时,应判发球方得分。

(八)还击

接发球后,双方应轮流由其中任意一名队员还击。如运动员在同队队员击球后,再以球拍触球,则判对方得分。

第四节　网球竞赛计分

网球比赛的计分方式分为"分""局""盘"三级。

微课:网球
竞赛计分

一、分

"分"用 15、30、40 来计分。

二、局

"局"的计分法分为"发球局"和"决胜局"两种。

(一)发球局

单打时由同一位球员或双打时由同一方发球,直至有一方赢得那局为止。

怎样算赢得一局呢?

发球者先赢分的情况下,如 15∶0、30∶0、40∶0,发球者再得 1 分,胜此局。

接发球者先赢 4 分,0∶15、0∶30、0∶40,接发球者再得 1 分,胜此局。

比赛比较焦灼,双方平分情况下,如 15∶15、30∶30、40∶40,谁再得 1 分就谁占先,若对方又得 1 分,双方回到 40∶40,也就是平分,一方球员必须连赢 2 分才能胜此局。

(二)决胜局

由前面一局接发球的那位或那方球员先发第一球,然后轮到他的对手发 2 分球,如此轮流,每人发 2 分球。

当一方取得 7 分,而另一方只取得 5 分或以下时,取得 7 分者赢得此局。

也就是说,7∶0、7∶1、7∶2、7∶3、7∶4、7∶5 时,都能赢得此局及此盘比赛。

当双方同时取得 6 分时,一方必须净胜对方 2 分才能赢得此局。也就是比分是 8∶6、9∶7 等才能赢得此局及此盘比赛。

三、盘

一盘 6 局制,通常用于三盘两胜或以上的比赛,先取 6 局者为胜一盘,但遇局数 5∶5 时,则有两种制度。

(1)"长盘制":一方必须净胜 2 局才算胜一盘。

(2)先取 7 局者为胜一盘,但局数 6∶6 时,可采用"平局决胜制",先取 7 分者为胜一局,但遇 6∶6 时,一方必须净胜对手 2 分才算胜出此局,亦胜出此盘。

国际比赛中通用的是三盘两胜制,男子网球大满贯比赛采用的是五盘三胜制。

第五节 信任制规则

在没有主裁判的情况下进行比赛时,所有球员必须了解和遵守以下基本原则。

微课:信任制规则

(1)每名运动员都有责任以球网为界为对本方半场的所有球进行呼报,而不能只有手势。

(2)所有的"Out"(出界)或"Fault"(发球失误)的呼报应该在球落地弹起后迅速做出,声音要响亮到让对手听到,呼报后伴有手势示意。

(3)如果对该球的出界不确定,就不应该呼报或做出不利于对手的呼报。如果一名球员错误地呼报了"Out",然后马上意识到这是一个好球,这 1 分应该重赛。除非在此前的比赛中此运动员已经有一次错误的"Out"呼报,在这种情况下判呼报的运动员失分。

(4)发球方应该在每次发球前报比分,声音要足够响亮到让对手听到。

(5)双打比赛时,本方运动员谁离球落地点近谁呼报。双打比赛一般采取一前一后的站位方式,即网前一人与端线一人站位方式。如对手打过来的球落在端线外,应由站在端线附近的运动员呼报,而不能由站在网前的运动员呼报。如对手打过来的球落在站在网前附近的运动员一侧的边线外,应由这一侧的运动员呼报,而不能由站在端线一侧的运动员呼报。

(6)当双方出现界内或界外球的争议或比分的争议时,双方都只能在本方场地上,不可以进入对方场地,否则按照运动员行为准则给予处罚。

(7)只能在换边休息时,场上的教练员才被允许对该队运动员进行指导。教练员不得以任何形式干涉运动员的场上判决,若不遵守规则,将根据情况给予取消其场上指导的资格。

(8)场下观众应保持安静,为双方运动员鼓掌加油,尊重运动员的判断,不得干涉运动员的场上判决。

(9)如果一名运动员对对手的行为或呼报不满意,应该叫裁判长或巡场裁判员到场。没能遵循这些原则的运动员,将按照干扰比赛和违反行为准则中的"不良体育道德行为"受到处罚。

球员对上述规定有任何疑问,可以向裁判长或赛事监督问询。"信任制"比赛中,巡场裁判员处理问题的原则应是"对球不对人,对事不对人",以服务球员的态度做出决定。

在"信任制"比赛中,要求运动员双方必须秉持公平、公正、诚实和信任的品质。

参考文献

[1] 唐艺.新时代大学体育与健康[M].北京：高等教育出版社,2022.
[2] 陈博.网球竞赛规则的演变及对网球技战术的影响[D].新乡：河南师范大学,2013.
[3] 易春燕.中国网球运动发展研究[M].开封：河南大学出版社,2014.
[4] 陈禹.网球技巧[M].北京：中国社会出版社,2008.
[5] 黄颢.谈高校网球教学与训练工作的四个注重[J].才智,2017(25)：129.
[6] 刘文芳.社会转型期我国竞技网球发展模式研究[D].开封：河南大学,2013.
[7] 虞力宏.网球运动[M].杭州：浙江大学出版社,2015.
[8] 陈建强.网球学与练[M].上海：复旦大学出版社,2010.
[9] 张洁,刘军毅,李忠堂.网球运动技战术科学训练方法[M].长春：东北师范大学出版社,2011.
[10] 陶志翔,网球运动教程[M].北京：北京体育大学出版社,2007.
[11] 中国网球协会.网球竞赛规则[M].北京：光明日报出版社,1999.
[12] 王冠.网球教学中传统与现代教学法的应用研究[J].当代体育科技,2017,7(18)：230-231.
[13] 刘爽.改革开放后我国网球运动发展的阶段性特征[D].沈阳：沈阳体育学院,2015.
[14] 王大利.网球教学中的多球练习方法探讨[J].科技资讯,2017,15(34)：177,179.
[15] 赵伟科.高校网球教学与训练指导研究[M].长春：吉林大学出版社,2014.
[16] 宋开有.上海市网球后备人才培养模式的研究[D].上海：华东师范大学,2010.
[17] 张晗.我国网球运动竞技后备人才培养模式研究[D].西安：西安体育学院,2015.
[18] 李磊,冯燕辉.对青少年网球运动员体能训练的探讨[J].河北工程大学学报（社会科学版）,2017,34(2)：111-112.
[19] 徐婷.陕西省青少年网球运动员专项体能特征及其训练方法的研究[D].西安：西安体育学院,2016.
[20] 韩飞.网球教学中的体育教学方法选择及应用分析[J].当代体育科技,2016,6(14)：34,36.